本书由"山东科技大学人才引进科研启动基金项目（2015RCJJ052）""山东省高等学校青创科技支持计划：中国共产党发展话语的历史演变与当代建构研究（2019RWB011）"资助。

DANGDAI SHICHANG SHEHUI ZHUYI
FENPEI LILUN YANJIU

当代市场社会主义分配理论研究

周月 著

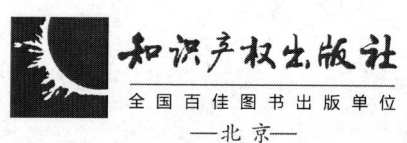

知识产权出版社
全国百佳图书出版单位
—北京—

图书在版编目（CIP）数据

当代市场社会主义分配理论研究 / 周月著．—北京：知识产权出版社，2020.8
ISBN 978-7-5130-6692-1

Ⅰ.①当… Ⅱ.①周… Ⅲ.①收入分配－研究－中国 Ⅳ.①F124.7

中国版本图书馆CIP数据核字(2019)第285192号

内容提要

本书从市场社会主义分配理论的思想发展、分配目标、分配结构、分配机制和历史经验加以阐述和论证，并进一步分析市场社会主义分配理论所具有的当代价值和意义。本书主要由当代市场社会主义的兴起及其分配理论的新模式、当代市场社会主义的分配目标、当代市场社会主义的分配结构、当代市场社会主义的分配机制及当代市场社会主义分配理论的评价和借鉴意义六个部分构成。

责任编辑：李小娟　　　　　　责任印制：孙婷婷

当代市场社会主义分配理论研究

周月　著

出版发行	知识产权出版社有限责任公司	网　　址	http://www.ipph.cn	
电　话	010－82004826		http://www.laichushu.com	
社　址	北京市海淀区气象路50号院	邮　编	100081	
责编电话	010－82000860转8531	责编邮箱	lixiaojuan@cnipr.com	
发行电话	010－82000860转8101	发行传真	010－82000893	
印　刷	北京中献拓方科技发展有限公司	经　销	各大网上书店、新华书店及相关专业书店	
开　本	720mm×1000mm　1/16	印　张	11	
版　次	2020年8月第1版	印　次	2020年8月第1次印刷	
字　数	200千字	定　价	69.00元	
ISBN 978-7-5130-6692-1				

出版权专有　侵权必究
如有印装质量问题，本社负责调换。

前 言

当代市场社会主义分配理论在市场与社会主义相结合、兼顾平等与效率的各种模式中提出了多种分配方案，主要特征表现在批判资本主义分配制度、追求平等和效率、强调市场分配等方面。它涉及广泛，不局限于收入分配，还包含对政治资源、社会资源、生态资源和文化资源的分配。这些理论对加强我国社会主义市场经济分配理论研究，维护和巩固社会主义市场经济制度，促进社会和谐发展具有重大而深远的理论意义和现实意义。

本书从理论上对其思想发展、分配目标、分配结构、分配机制和历史经验加以阐述和论证，并进一步分析了市场社会主义分配理论所具有的当代价值和意义。本书包括当代市场社会主义的兴起及其分配理论的新模式、当代市场社会主义的分配目标、当代市场社会主义的分配结构、当代市场社会主义的分配机制，以及当代市场社会主义分配理论的评价和借鉴意义等内容。

分配目标是分配的依据和尺度，反映了不同社会制度的价值取向。当代市场社会主义分配理论的分配目标深受传统社会主义核心思想的影响，分配目标强调平等，在平等的基础上实现效率。当代市场社会主义不仅是一个经济学派，更是一股政治思潮，它的最终目标是希望能够运用市场来实现社会主义目的，在应对其他学派的经济理论诘难时，它所做的经济理论应答往往带有政治色彩。为了有效地实现平等与效率的协调，当代市场社会主义从经济民主和政治民主两个方面进行了制度构建，为平等和效率的实现提供了程序保障。

资源在国家、社会和市场中的分配方式构成了当代市场社会主义的分配结构。国家与市场、政府与公民在分配中的相互协调、良性互动的过程为市场社会主义体制得以确立并稳定有效运行提供了基础,在这个过程中,权力与资源分配相对均匀,社会成员共同参与公共决策和社会管理过程,社会经济发展利益为全体社会成员共享。

在分配机制上,当代市场社会主义都主张直接引进市场机制,同时政府对资源的平等分配进行不同程度的干预。除了对国家内部的经济资源、政治资源、社会资源分配进行分配制度设计以外,当代市场社会主义者从生态问题、代际问题、贸易格局等方面对国家间资源分配进行探讨,体现了市场社会主义分配理论的全面性。

但是当代市场社会主义分配理论是在现有资本主义生产关系基础上对产权关系进行改造,以实现分配的平等与效率,具有改良主义特点;而且对如何实现其分配理论的设想,缺乏实际的操作程序和明确的社会力量的支持,具有空想的色彩。

分配理论既是社会的一种价值追求,也是审视、评价社会的一种思维范式。市场社会主义作为当代一支重要的社会主义流派和思潮,不能仅仅将它看作一种经济模式。因此,本书在研究当代市场社会主义分配理论时,不局限于收入分配,而是将政治资源、公共资源(社会资源、生态资源和文化资源)也纳入分配对象的范畴,对当代市场社会主义的分配原则、分配结构和分配机制进行分析论述,并从中提取对我国社会主义分配理论与实践的借鉴意义。在我国社会主义市场经济分配理论的构建与实践进程中要坚持公平优先的原则,在兼顾效率与公平协调发展的基础上更加重视公平;在分配中效率原则与公平原则产生冲突时,公平要优先于效率。

目　录

第 1 章　导论 1

　1.1　选题意义 3

　1.2　概念界定 6

　1.3　研究现状 9

　1.4　本书的研究方案 24

第 2 章　当代市场社会主义的兴起及其分配理论的新模式 29

　2.1　当代市场社会主义兴起的历史背景 31

　2.2　当代市场社会主义分配理论的新模式 36

第 3 章　当代市场社会主义的分配目标 47

　3.1　平等原则 49

　3.2　寻找平等和效率的均衡点 57

　3.3　实现平等与效率的民主制度 64

第 4 章　当代市场社会主义的分配结构 73

　4.1　当代市场社会主义的利益主体 75

　4.2　国家、企业、个人分配关系 80

第 5 章　当代市场社会主义的分配机制..........85

　5.1　对经济资源的分配..........87

　5.2　政治资源分配..........95

　5.3　国际间资源分配..........99

第 6 章　当代市场社会主义分配理论的评价..........105

　6.1　当代市场社会主义分配理论评析..........107

　6.2　同传统市场社会主义和马克思主义分配理论的比较..........115

　6.3　当代市场社会主义分配理论局限性..........120

第 7 章　当代市场社会主义分配理论对我国的借鉴意义..........127

　7.1　可借鉴的理论意义..........129

　7.2　可借鉴的实践意义..........138

结　　论..........147

参考文献..........153

第1章
导 论

第 1 章 ◎ 导　论

1.1　选题意义

市场社会主义诞生于 20 世纪 30 年代，是社会主义思潮中一支重要的流派。20 世纪 80 年代以来的市场社会主义者在市场与社会主义相结合、兼顾平等与效率的各种模式中，提出了多种分配方案，主要特征表现在批判资本主义分配制度、追求平等和效率、强调市场分配等方面。其分配理论涉及广泛，不局限于收入分配，还包含对政治资源、社会资源、生态资源和文化资源的分配。这些理论对我国社会主义市场经济分配理论研究和实践进展、维护和巩固社会主义市场经济制度、促进社会和谐发展，具有重大而深远的理论意义和现实意义。本书研究的主要目标是从历史和现实的角度对当代市场社会主义的分配理论进行梳理，寻找出发展的脉络，从理论上对其思想发展、分配目标、分配机制和历史经验加以阐述和论证，并进一步总结市场社会主义分配理论所具有的当代价值和意义，为推动中国特色社会主义市场经济分配理论的发展提供新的分析视角。

1.1.1　理论意义

研究当代市场社会主义分配理论是发展中国特色社会主义分配理论的需要。虽然我国学术界对分配理论的研究已取得大量成果，尤其是对马克思主义分配理论的研究已经有了一定的深度，但分配理论研究的广度还需进一步拓展。目前我国理论界对社会主义分配理论的研究是以马克思主义为指导的,以探讨社会主义的个人收入分配原则和分配方式为主,重点是劳动者的工资收入分配。而当代市场社会主义以现代西方经济理论和新古典综合派理论为基础,努力革除传统社会主义模式的弊端,充分利用市场的效率原则,并且以计划调节来弥补市场失灵所带来的不足,创造性地发展了社会主义的内涵。它在主张各式各样的平等基础上,认为一个过分强调结果状态平等的社会是不利于效率原则的推行的,强调竞争起点的平等,即机会平等;认为只要消灭了资本主义社会中资本剥削劳动的关系,市场就能够合理运行,达到人们预期的公平。总体而言,加强对当代市场社会主义的分配理论研究,理论上可以完善和深化我们对于中国特色社会主义分配理论的理解;同时在建设有中国特色社会主义的历史进程中,在新时代全面建设小康社会推进共享发展的今天,市场社会主义的分配理论对如何最大限度地保障并实现群体间的分配正义,进而实现整个社会的公平正义,具有深远的理论借鉴意义。

研究市场社会主义是丰富收入分配理论的需要。"收入分配制度是经济社会发展中的一项根本性、基础性的制度,是社会主义市场经济体制的重要基石。"❶中国的社会主义建设经验已经显露出平均主义分配制度的弊端,但是市场机制的引入也带来了它的副作用——分配不公和分配秩序混乱。如何充分利用市场,促进要素报酬公平化,为民众提供均等的发展机会,是当代市场社会主义分配理论探讨的重要内容,也是当前我国推进收入分配改革的重要切入点。总结当代市场社会主义中分配理论的历史经验,从而上升为理论思考和制度构建,对中国特色社会主义收入分配理论是极大的丰富。

1.1.2 现实意义

20世纪90年代以来,市场与社会主义的结合极大地促进了社会经济的发展,但同时出现了分配不公、收入差距拉大等社会问题。因此,公平与效率问题不仅为当代市场社会主义所关注,也是我国改革与发展中的热点和难点问题,这一难点突出体现在当前的收入分配改革中。在2012年国民经济运行情况新闻

---

❶ 温家宝. 政府工作报告:2013年3月5日在第十二届全国人民代表大会第一次会议上[R]. 北京:人民出版社,2013.

发布会上，官方公布的 2012 年全国居民收入的基尼系数为 0.474。根据国家统计局数据，2012—2016 年，中国居民收入的基尼系数为 0.474、0.473、0.469、0.462、0.465❶，基尼系数整体呈下降趋势，但仍高于国际平均水平。当代市场社会主义同我国社会主义市场经济理论都放弃行政指令性调配资源，转向依据市场价格、供求关系配置资源。因此，在分配问题上，当代市场社会主义实现分配的路径、条件和规律具有借鉴意义。市场社会主义是将社会主义与市场有机结合的理论体系，以市场为手段，来实现社会主义的目标。我们应系统地对当代市场社会主义分配理论进行研究，把握收入分配改革的历史经验和规律，最大限度地调动一切积极因素，激发社会发展活力，使其在协调关系、化解矛盾、维护稳定、促进和谐、改善民生为重点的社会建设方面发挥重要作用。这对于发挥社会主义市场经济的优势，建设社会主义物质文明，构建和谐社会，实现共享发展，具有重大而深远的现实意义。

图 1-1 为 1997—2014 年以收入分配、机会平等和公平等主题进行研究的学术关注度与用户关注度的呈现。在这一时期内，相关主题的关注度总体呈上升趋势，从一定程度上说明了本书的研究价值。

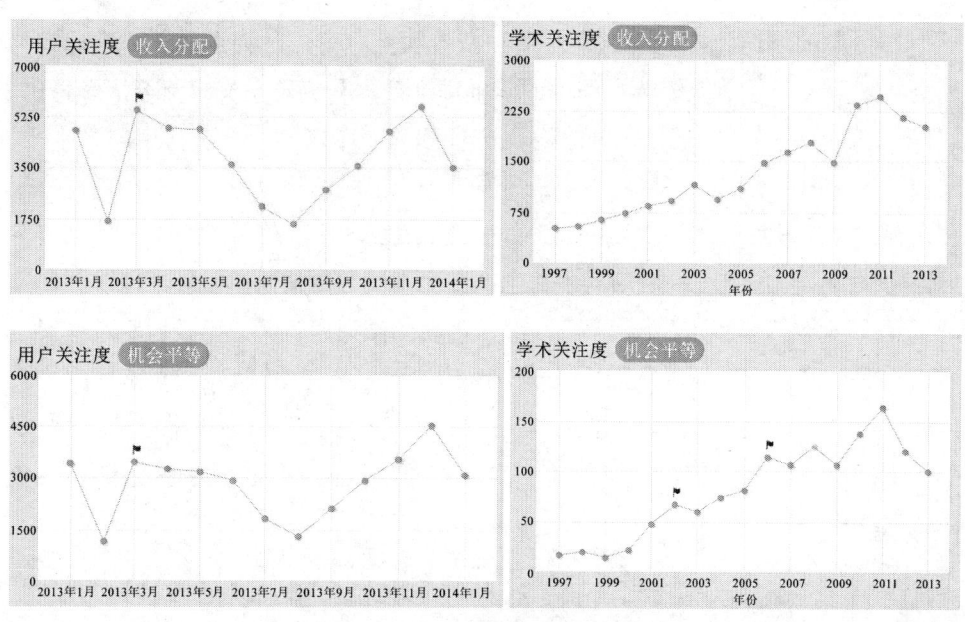

❶ 按照国际一般标准 0.4 以上的基尼系数表示收入差距较大，当基尼系数达到 0.6 时，则表示收入悬殊。

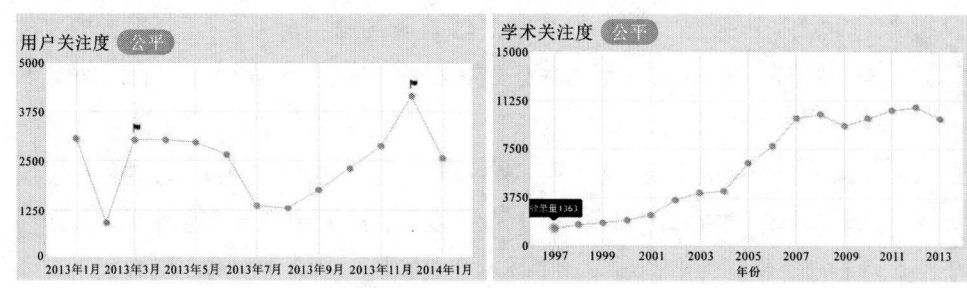

图1-1 1997—2014年以收入分配、机会平等和公平等主题进行研究的学术关注度与用户关注度

资料来源：中国知网学术趋势检索网站 http://trend.cnki.net/TrendSearch/。

1.2 概念界定

1.2.1 关于分配理论的概念界定

在分配的理解上，目前学界有两种基本观点。第一种观点是把分配理解为经济活动的一个环节或经济活动中的基础性维度。马克思主义政治经济学指出："分配一般指产品的分配，是社会再生产过程的一个环节。社会再生产是生产、交换、分配和消费的统一体。生产是出发点，产品生产出来以后，必须通过分配和交换，才能最后进入消费，因而分配是连接生产和消费的中间环节。"❶乔治·恩德勒认为，分配是"经济活动中与生产交换有同等价值的基础性维度，分配维度贯穿于整个经济活动之中，不仅是经济活动的结果，也是起始条件和过程"❷。所以，在乔治·恩德勒的观点中，被分配的对象主要是："收益或负担分配，一方面，是收入、财产、消费可能性、生产手段、富足、福利、生活机会、生活状况、生活质量、行为的游戏空间等；另一方面，是债务、劳动的绩效要求、负载、牺牲等。"❸

---

❶ 张卓元. 政治经济学大辞典 [M]. 北京：经济科学出版社，1998：20.
❷ 恩德勒，等. 经济伦理学大辞典 [M]. 上海：上海人民出版社，2011：560.
❸ 同❷561.

第二种观点是将经济活动仅仅理解为生产过程，把分配问题归属于政治。罗尔斯认为，分配并不是经济过程的一个环节，而是政治问题的核心所在。因此，按照罗尔斯的观点，分配的对象起码包括三个方面：自由、职位、财富。财富是人们创造或收集的能带来满足和惬意的所有东西的总称，财富分为物质财富和精神财富。❶

国民经济的运行由生产、交换、分配和消费四个环节构成。在这四个环节中，分配同公平效率紧密联系，是保障社会经济良性运行的至关重要环节。由于分配在整个社会经济活动中所处的基础地位，所以在使用中，分配所涉及的对象主要为经济领域中的财富和物资分配，也就是我们通常谈到的收入分配。但广义上讲，分配不局限于财富和物资分配，还包括权利义务的分配、权力和特权的分配等，因此广义的分配理论所包含的分配对象不仅包含经济资源，而且包含政治资源、社会资源、生态资源和文化资源。在这五类资源中，在市场社会主义研究中，见到最多的是经济资源，其次是政治资源和社会资源，生态资源和文化资源也在部分学者著作中有所涉及。本书研究的分配对象即包含以上五个方面。

本书所涉及的分配理论正是基于分配的广义内涵，即当代市场社会主义者关于经济资源、政治资源、社会资源、生态资源和文化资源的分配目标、分配原则与分配方案的理论。

1.2.2　市场社会主义及当代市场社会主义的定义

市场社会主义是一个比较宽泛的概念，不同时期的理论家对其界定的侧重点各不相同。20世纪80年代以前，对市场社会主义的定义的共同特征是在生产资料的公有制基础上，利用市场进行资源配置。

根据传统市场社会主义的观点，市场社会主义的中心任务是在社会主义的前提下，探讨传统计划经济体制内运用市场，实现计划模拟市场或与市场并存。

《不列颠百科全书》对市场社会主义的定义是："市场社会主义又称自由社会主义，它是协调社会主义计划与自由企业的一种经济制度。企业属于公有，

---

❶ 萨伊. 政治经济学概论[M]. 北京：商务印书馆，1963：58-59.

但生产和消费不受政府计划的控制，而受市场力量的支配。"❶美国学者保罗·R. 格雷戈里和罗伯特·C. 斯图尔特在教科书《比较经济制度学》中，给市场社会主义的定义是："市场社会主义是一种以生产要素公有制为特征的经济制度。决策权是分散的，由市场机制加以协调。采用物质刺激和精神鼓励的手段促使参与者去实现目标。"❷在《新帕尔格雷夫经济学大辞典》中，市场社会主义的定义是："市场社会主义是一种经济体制的理论概念（或模式），在这种经济体制中，生产资料公有或集体所有，而资源配置则遵循市场（包括产品市场、劳动力市场和资本市场）规律。"❸美国学者约瑟夫·E. 斯蒂格利茨认为："市场社会主义指的是一种经济组织形式，在该形势下，政府占有生产资料（所有社会主义体制均是如此），但是和市场经济一样运用价格对资源进行配置。"❹

20 世纪 80 年代以后，市场社会主义的定义更加宽泛，基本特征是将公有制经济关系作为收入平等的保障，使公有制经济关系与市场机制结合，主要目标是改造资本主义。戴维·米勒认为，没有一个关于市场社会主义的确切概念，它只是这样一个具有共同特征的范畴，即市场机制的广泛运用与生产性资本的社会所有制结合。❺巴德汉和约翰·罗默也有类似的提法，市场社会主义是一种资本主义经济制度和社会主义经济制度的混合物。❻拉文认为，市场社会主义保留了一些"社会主义价值观"，又消除了市场对再分配的消极作用。❼英国学者克里斯托弗·皮尔森认为，市场社会主义是一种经济体制，在这种经济体制下，绝大多数商品继续靠市场来配置，但资本实行社会所有制和工人自己决定生产。❽

余文烈将市场社会主义分为传统市场社会主义和当代市场社会主义两个层次。"传统市场社会主义是探索革新传统社会主义经济制度的替代模式，寻找传统的生产资料公有制和计划经济与运用市场配置资源争取效率的有机结合，发展

---

❶ 中国大百科全书出版社《不列颠百科全书》国际中文版编辑部. 不列颠百科全书：第 7 卷 [M]. 北京：中国大百科全书出版社，1994：322.

❷ 格雷戈里，斯图尔特. 比较经济制度学 [M]. 上海：上海三联书店，1988：20.

❸ 伊特韦尔，等. 新帕尔格雷夫经济学大辞典：第 3 卷 [M]. 北京：经济科学出版社，1996：363.

❹ 斯蒂格利茨. 社会主义向何处去 [M]. 长春：吉林人民出版社，1988：10.

❺ BARDHAN P K, ROEMER J E. Market socialism：the current debate [M]. New York：Oxford University Press，1993：304.

❻ 同❺.

❼ 拉文，陈兴. 略论市场社会主义 [J]. 世界经济译丛，1993，2：21-22.

❽ 皮尔森. 新型市场社会主义 [M]. 姜辉，译. 北京：东方出版社，1999：104.

社会主义经济。当代市场社会主义是以超越当代资本主义为己任，提倡以某种形式的公有制或限制资本权力为基础，运用市场去实现社会主义的价值目标（如经济民主、分配平等、选择自由、消除剥削等），培育社会主义因素。"❶

本书所研究的当代市场社会主义所依据的概念内涵源于此处，即20世纪80年代以来，运用市场去实现社会主义的价值目标的理论体系和实践。

1.3 研究现状

20世纪90年代以来，随着市场主导机制理论的确立和在实践中的成功运用，市场与社会主义的结合极大地促进了社会经济的发展，但同时出现了分配不公、收入差距拉大等社会问题。在这种背景下，分配的公平与效率成为当代市场社会主义关注的重点问题。

1.3.1 国内文献综述

从总体上看，近年来，国内学者对市场社会主义的研究专著比较丰富，但与当代市场社会主义分配理论直接相关的研究成果甚少，其相关资料多是对当代市场社会主义者著作的译介。目前国内已出版的专著有：景维民的《经济转型的理论假说与验证：市场社会主义的传承与超越》和《经济转型中的市场社会主义》，徐俊峰的《社会主义与市场经济兼容模式探微》，姜国权的《市场社会主义劳动产权理论研究》，余文烈的《市场社会主义：历史、理论与模式》和《当代国外社会主义流派》，陈锦华、江春泽的《论社会主义与市场经济兼容》，张志忠的《当代西方市场社会主义思潮模式、理论与评价》，张宇的《市场社会主义反思》，以及金雁、秦晖的《经济转轨与社会公正》等。

国内学者还翻译出版了大量相关学术专著。主要有克里斯托弗·皮尔森的《新市场社会主义——对社会主义命运和前途的探索》，约翰·罗默的《社会主义

---

❶ 余文烈. 市场社会主义：历史、理论与模式 [M]. 北京：经济日报出版社，2008：32.

的未来》；约瑟夫·E. 斯蒂格利茨的《社会主义向何处去——经济体制转型的理论与证据》；伯特尔·奥尔曼等编著的论文集《市场社会主义：社会主义者之间的争论》；戴维·施韦卡特的《反对资本主义》，雅诺什·科尔奈的《后社会主义转轨的思索》；格泽戈尔兹·W. 科勒德克的《从休克到治疗，后社会主义转轨的政治经济》；伊藤诚的《市场经济与社会主义》《现代社会主义问题》；W. 布鲁斯、K. 拉斯基的《从马克思到市场：社会主义对经济体制的求索》；W. 布鲁斯的《社会主义的政治与经济》《社会主义所有制与政治体制》《民主的社会主义计划有何优点？》《东欧改革它们的结果如何？》《经济制度变革的方向》；索尔·埃斯特林和尤里安·勒·格兰德的《市场社会主义》；亚力克·诺夫的《走向有效率的社会主义》等。

1.3.1.1　市场社会主义发展阶段划分

根据不同的划分方式，国内外学者得出了不同的结论，将市场社会主义发展阶段划分为五阶段论、四阶段论、三阶段论和两阶段论，这些划分方式都包含着各自的合理性。约翰·罗默在《社会主义的未来》一书中，根据不同历史时期所利用的理论工具的不同将市场社会主义划分为五个阶段。第一阶段是在社会主义制度下，把价格运用于经济测算；第二阶段是遵循一般均衡理论，达到均衡价格；第三阶段是承认真实市场；第四阶段是 20 世纪 50 年代以后，一系列社会主义国家相继出现的市场经济改革，包括中国的市场经济改革。第五阶段是 1990 年以来，西方左翼理论家重新建构未来社会主义蓝图的时期。杨龙芳根据市场社会主义的理论传播和实践发展将市场社会主义的发展划分为四个阶段。第一个阶段是诞生阶段：20 世纪 20 年代至 30 年代，其标志为兰格模式的诞生。第二个阶段是理论确立阶段：20 世纪 50 年代中期至 70 年代末期，市场社会主义在东欧国家确立并在实践中得到发展，形成了不同的理论流派和不同的模式理论。第三个阶段是理论突破阶段：20 世纪 70 年代末至 80 年代末，市场社会主义在理论上实现了重大突破，但日益趋向于自由主义。第四个阶段是重新活跃阶段：20 世纪 90 年代初，西方发达国家理论界对市场社会主义的探讨重新活跃起来，试图从自由主义市场理论的局限中走出，以重构市场社会主义蓝图。❶

---

❶ 杨龙芳. 市场社会主义思潮发展的四个阶段 [J]. 当代世界与社会主义，1997（1）.

余文烈、吕薇洲按照市场与社会主义的结合程度,将市场社会主义划分为四个阶段、两个时期。20世纪30年代至50年代的计划模拟市场模式、20世纪50年代至80年代的计划与市场并存的分权模式、20世纪80年代的市场主导的市场社会主义模式、东欧剧变后的新市场社会主义模式。前两个阶段为前期,主要特征为在社会主义制度框架内,运用市场发展社会主义经济;后两个时期为当代市场社会主义阶段,主要特征为在当代资本主义的背景下,运用市场去实现社会主义的价值目标。❶

成晓玲在四个阶段、两个时期划分的基础上认为,"在20世纪80年代末到90年代,英国的市场社会主义理论者提出市场机制中性论的观点,市场社会主义理论获得了进一步的突破和发展,在苏联解体、东欧剧变的新国际背景之下,以约翰·罗默、戴维·施韦卡特、詹姆斯·扬克为代表的市场社会主义者深化和泛化了市场机制和社会主义的结合,并提出了相应的模式,这是共属于一个阶段上的"。❷

严鹏飞将市场社会主义划分为三个发展阶段。第一阶段是从19世纪后期至20世纪初,为市场社会主义的萌芽期,这期间一些经济学家对社会主义条件下,资源配置的合理性提出疑问,有的已经出现了市场与计划相结合的思想。第二阶段是从20世纪20年代至50年代,是市场社会主义理论初步形成阶段。关于社会主义计划的可行性和资源配置有效性的论战产生了兰格模式,并且以苏联为首的一些社会主义国家相继建立并有了初步经济改革的实践。第三阶段是从20世纪60年代至今,是市场社会主义理论进一步确定和发展阶段,这一时期,市场社会主义思潮已在理论和实践上均有自己的特点,发展成为一种独立的经济学说和经济流派。❸刘以昌以20世纪50年代为界,将市场社会主义划分为两个时期,早期市场社会主义理论形成时期和战后市场社会主义的发展时期。❹

根据以上研究,本书涉及的当代市场社会主义所界定的阶段为20世纪80年代以来的市场社会主义,这一时期出现的新模式呈现出市场主导的特点。

---

❶ 余文烈,吕薇洲. 关于市场社会主义的发展阶段及其定义 [J]. 教学与研究,1999(11).
❷ 成晓玲. 市场社会主义发展阶段及模式综述 [J]. 华中人文论丛,2011(6).
❸ 颜鹏飞. 市场社会主义思潮发展阶段划分 [J]. 经济研究资料,1994(2).
❹ 刘以昌. 国外对社会主义与市场经济结合的探讨 [J]. 新视野,1994(5).

1.3.1.2 当代市场社会主义的主要模式

赵炜认为，当代较为典型且影响较大的市场社会主义模式主要有三种类型：以工人所有制或工人自治企业为基础的模式、以追求企业利润最大化为目的的经理治理模式及强调限制资本权力的社会治理模式。其中在分配理论上最值得借鉴的是经理治理模式。❶

宋衍涛、陈明磊将东欧剧变以后影响较大的市场社会主义思潮分为三种模式：以追求利润最大化的经理管理型企业为基础的模式、以工人所有制或工人管理的企业为基础的模式及强调限制资本权力的没有资本家的资本主义模式。❷

余文烈在《市场社会主义：历史、理论与模式》一书中，将当代市场社会主义典型模式划分为四种，一是经理管理型模式，典型模式包括巴德汉的"以银行为中心的市场社会主义"、约翰·罗默的"虚拟证券市场的社会主义"、詹姆斯·扬克的"实用的市场社会主义"；二是泛市场社会主义模式，典型模式包括迪安·埃尔森的"市场社会化"、弗莱德·布洛克的"没有阶级权力的资本主义"；三是劳动者管理型模式，典型模式包括戴维·米勒的"合作制的市场社会主义"、雅克·德雷泽的"劳动者管理企业的直接融资方案"、马克·福勒贝的"劳动者管理企业的间接融资方案"；四是经济民主型模式，其典型模式有戴维·施韦卡特的"经济民主的社会主义"、罗宾·亚阿切尔的"以经济民主为基础的社会主义经济"、托马斯·韦斯科夫的"以民主企业为基础的市场社会主义"。

1.3.1.3 对当代市场社会主义的分配目标的研究

赵炜将当代市场社会主义的分配目标概括为平等目标、自由目标和复合目标。由于社会主义的主要价值是克服与资本主义相联系的收入、权利与机会的全面不平等，所以平等是社会主义的首要目标。

近年来，约翰·罗默的平等理论出现在国内学界的视野中。王志刚在正义论背景下展开了约翰·罗默的平等主义研究，认为约翰·罗默"平等主义的正义理论框架最大的贡献之处在于试图实现平等理论与个人责任的有机融合，弥补罗

---

❶ 赵炜. 当代市场社会主义分配理论研究 [J]. 北方经济, 2008 (4).
❷ 宋衍涛, 陈明磊. 20世纪90年代西方市场社会主义的三种模式 [J]. 当代世界与社会主义, 2003 (6).

尔斯差别原则的个人责任缺失问题,以回应保守主义对平等主义的指责"❶。他对约翰·罗默的跨学科的研究范式和公理化分析方法给予了高度肯定。此外,在"机会平等"这一关键问题上,王志刚认为,约翰·罗默的平等理论存在诸多不足:首先,约翰·罗默没有清楚地回答何谓机会平等,约翰·罗默关注具体的范畴,如预期寿命、谋生的能力或收入等;其次,约翰·罗默没有解决德沃金遗留下来的个人自主选择和环境之间如何切割的问题;最后,约翰·罗默平等主义范式的理论基础经不起推敲,其提倡的平等也难以实现。❷曹玉涛认为,约翰·罗默的"观点颠覆了马克思与平等的传统看法,具有一定的合理性,但由于缺乏唯物史观和辩证法,又具有一定的片面性"❸。覃安基认为,约翰·罗默提出的平等是社会主义有别于资本主义的根本特征有其独到之处,对于当今社会正确理解效率和平等有帮助;约翰·罗默认为,社会主义是实现机会平等的正确途径,但是其设想的市场社会主义将难有实现的机会,不符合马克思主义的社会历史发展规律。❹

结合以上分析,本书将当代市场社会主义的分配理论目标总结为平等与效率。

1.3.1.4 关于当代市场社会主义经济效率和社会公正问题的研究

姜辉认为,经济效率理论是西方市场社会主义的基本内容,是其为社会主义公有制经济辩护的理论支柱。对这一内容的阐释程度决定了市场社会主义在西方理论界的地位和价值。在《西方市场社会主义经济效率理论系统探析》一文中,姜辉探讨了当代市场社会主义者对 20 世纪 20 年代至 30 年代经济大论战在经济激励、监督和企业家作用等理论的承继,同时较为详细地探讨和分析了当代市场社会主义者在新的时代条件下对承继问题的尝试解答。社会主义公有制经济要保证效率,必须解决好激励、监督和企业家作用问题,这方面可以参考现代资本

---

❶ 王志刚. 当代平等理论的批判与重构——约翰·罗默的分配正义理论新范式 [J]. 自然辩证法研究,2010(6).

❷ 王志刚,袁久红. 资本主义不公正原因:机会平等与个人责任——约翰·罗默平等理论述评 [J]. 科学社会主义,2010(1).

❸ 曹玉涛. 分析马克思主义者论马克思与平等 [J]. 求索,2008(4).

❹ 覃安基. 约翰·罗默的平等主义:从逻辑推演到社会建构 [D]. 西安:陕西师范大学,2012.

义经济解决这些问题的方法和成功经验。❶

赖风认为,当代市场社会主义在反驳新自由主义的过程中,提出了试图实现效率与平等均衡的种种新模式。以哈耶克为代表的新自由主义者对当代市场社会主义的批评主要集中在以下两点:一是市场社会主义倡导的市场是不真实的、不彻底的;二是市场在公有制或社会所有制基础上根本无法有效地运作。面对新自由主义的挑战,当代市场社会主义者在承认问题的存在的同时,指出当代资本主义面临着软预算约束的问题,不可能解决激励或委托—代理问题。❷

姜辉和赖风都认为,在当代资本主义经济中,同样存在着委托—代理问题,私人所有权并不是解决经济效率问题的充分条件,新自由主义者提供的私有化方案并不是万应良药。

张志忠在总结当代西方市场社会主义者的公平和平等观时认为,社会主义与市场经济的联姻不但可行而且必要,但市场经济只是实现社会主义的手段,而公平和平等才是社会主义的核心价值目标。为此,他们又在充分考虑效率的基础上,对实现公平和平等的手段作了四个方面的探索与建构,即实现收入分配平等、实现起点平等、实现机会平等、实现社会地位平等。对这一问题进行研究,不仅有助于认识当代西方市场社会主义理论的贡献和意义,而且还对中国社会主义市场经济条件下如何实现公平和平等,具有重要的借鉴和启示作用。❸

刘希裕着重探讨了当代市场社会主义的公平和效率理论及其对我国的启示。他认为,公平和效率一直是学界研究、探讨的焦点问题。传统的社会主义僵化的计划经济体制虽然实现了分配量上的均等,但极大地牺牲了经济效率,阻碍了生产力持续健康的发展。吸取了传统社会主义实践的经验教训后,当代市场社会主义把资本主义运用的市场与社会主义尝试性地结合起来,将效率与公平有机结合在一起,构建超越现行资本主义的替代模式。❹

---

❶ 姜辉. 西方市场社会主义经济效率理论系统探析 [J]. 当代世界社会主义问题,2000 (3).
❷ 赖风. 寻求效率与平等的新均衡点——从当代市场社会主义与新自由主义的论争说起 [J]. 南京邮电大学学报(社会科学版),2010 (4).
❸ 张志忠. 当代西方市场社会主义者的公平和平等观探析 [J]. 内蒙古社会科学(汉文版),2004 (3).
❹ 刘希裕. 当代市场社会主义的公平和效率理论及其对我国的启示 [J]. 榆林学院学报,2005 (1).

1.3.1.5 关于当代市场社会主义分配理论的特点及同我国分配理论研究的区别

近年来，国内学界对当代市场社会主义的分配理论问题给予了越来越多的关注。杨红云将 20 世纪 90 年代以来市场社会主义收入分配理论的主要特征概括为以下三点：一是批判资本主义的分配制度；二是追求平等与效率；三是强调市场分配。❶ 彭必源从理论上的综合性、鲜明的时代性和政治上的改良性三个方面来概括当代市场社会主义分配理论的主要特点。❷ 景为民从继承与创新，市场社会主义的核心价值及国家、企业和个人关系三个方面概括出当代市场社会主义分配理论的主要特点。当代市场社会主义的分配理论具备与时俱进的理论品质，将实现平等与效率的平衡作为核心价值；在协调国家、企业个人关系方面，市场社会主义总的理念是要从强国走向富民强国，国家财政收入的占比要以法律形式确定，人民要更多地分享经济发展的成果，企业要有自己独立的利益。❸

杨红云认为，与我国理论界的研究相比，新市场社会主义的分配理论也表现出重大的差别，与我国分配理论研究相比，关注重点不同、理论基础不同和面临的条件不同。第一，关注的重点不同。我国理论界对社会主义分配理论的研究重点是探讨社会主义的个人收入分配原则和分配方式，关心的重点是劳动者的工资收入分配。而新市场社会主义的分配理论所关注的重点是企业利润的分配，劳动者个人工资收入的分配则是由市场机制来决定的，从不考虑劳动者工资收入分配的依据是什么。第二，面临的社会条件不同。我国理论界面临的是在公有制的条件下，探讨与社会主义市场经济相适应的收入分配体制，如何在保证效率的前提下实现社会公平。而新市场社会主义则是如何通过充分利用现有的资本主义条件并通过改良，来实现收入分配的平等。第三，理论基础不同。我国理论界对社会主义市场经济条件下分配问题的研究是以马克思主义为指导的，而新市场社会主义则是以现代西方经济理论和新古典综合派理论为基础的。由于他们对马克思主义缺乏正确的理解，因此在关于按需分配的实现条件的认识上存在着严重的错误。❹

---

❶ 杨红云. 20 世纪 90 年代以来西方市场社会主义收入分配理论述评 [J]. 商业时代，2011（3）.
❷ 彭必源. 新市场社会主义的分配理论 [J]. 湖北三峡学院学报，1999（4）.
❸ 景维民，田卫民. 市场社会主义收入分配理论演进与评析 [J]. 社会科学，2008（2）.
❹ 同❶.

1.3.1.6 关于当代市场社会主义分配理论的借鉴意义的研究

当代市场社会主义的分配理论继承了社会主义关于实行收入的公平分配的一贯传统,在理论上以现代经济理论和新古典学派的经济理论为基础,并把它同马克思主义关于社会主义的某些主张进行结合,但在本质上是非马克思主义的。这是当代市场社会主义分配理论同中国特色社会主义分配理论的本质不同,同时由于具体国情不同,所实施的具体分配方案也存在着重大差异。尽管存在着这样一些重大差别,但由于其价值取向与社会主义国家所秉持和追求的社会主义的平等、民主、和谐及共富的价值目标大体一致,因而其收入分配方案对于我国社会主义市场经济分配理论的研究和实践推进有一定的借鉴意义。

景维民、田卫民指出,市场社会主义分配理论具有与时俱进的理论品质,始终坚持平等这一社会主义的核心价值,并在平等的基础上寻求社会主义国家的效率,同时试图处理好国家、企业与个人的关系,这为深化中国特色社会主义收入分配理论提供了启示。❶徐俊峰看到了市场社会主义对发展国有企业的启示,指出中国国有企业改革必须要硬化预算约束,解决委托—代理问题,改革传统国有企业低效率的根本机制,明晰国有企业的劳动产权制度,从而深化国有企业改革。❷市场社会主义分配理论对发展中国民营经济的价值也提供了借鉴,余文烈指出,通过大力发展真正体现经济民主的合作制经济和在私有企业中倡导利润分享乃至"以劳动入股",发展参与经济和分享经济,有利于推动民营经济的发展。❸

当代市场社会主义分配理论对发展社会主义政治文明也极具启发性。市场社会主义的核心价值体现在其经济方面,但是作为一支社会主义流派,它对政治方面也予以了关注。赵海月、王金凤探索了市场社会主义的民主思想,指出市场社会主义将民主细化为企业民主、经济民主和国家民主三个层面,其意义在于,发扬企业民主有利于增强企业活力,经济民主有利于发挥效率优势,经济民主和政治民主相辅相成。❹张志忠探索了市场社会主义的社会公正思想,指出公平和平等是市场社会主义的核心价值目标,机会平等、收入平等、起点平等、地位平

---

❶ 景维民,田卫民. 市场社会主义收入分配理论演进与评析 [J]. 社会科学, 2008 (2).
❷ 徐俊峰. 市场社会主义的国有企业改革观及启示 [J]. 改革与战略, 2009 (6).
❸ 余文烈. 国外市场社会主义对我国发展民营经济的启示 [J]. 南方论坛, 2008 (3).
❹ 赵海月,王金凤. 当代西方市场社会主义的民主探索及其借鉴价值 [J]. 理论学刊, 2009 (8).

等是实现公正的重要手段。❶ 吴学凡研究了市场社会主义蕴含的和谐社会思想，指出市场社会主义在探索市场和社会主义相结合的过程中，体现了和谐社会的思想，其理论中的民主、平等、自由、法治、社会公正等观点蕴含了和谐社会思想，它所追求的实现社会主义的终极目标是和谐社会思想的体现。❷

刘希裕认为，当代市场社会主义所倡导的有差别的公平对我国现阶段经济社会的发展有重大借鉴作用和启示：一是自觉地减少西方市场经济中已显示出弊端的东西，减少那些对解决效率和社会公平具有消极作用的东西；二是从我国现阶段的国情出发，坚定不移地深化经济体制和政治体制改革；三是在市场主导的社会主义市场经济运行的过程中，加强国家对经济社会的宏观调控力度；四是在经济、政治、文化和教育等方面发展更为全面的公平、平等，不仅在结果上，更要在起点上保障人民享有平等权利和平等机会，促进社会经济效率的提高。❸

刘明明在《实现我国社会公正的路径思考——基于市场社会主义的启示》一文中认为，约翰·罗默、戴维·施韦卡特、戴维·米勒等为代表的西方市场社会主义者在社会公正方面的合理之处，是实现我国社会公正的可行选择。结合我国实际国情，将坚持社会主义制度，确保经济持续健康发展，完善市场经济体制，发展和壮大公有制经济，保持合理的政府干预等作为实现社会公正的路径。❹

1.3.2 国外文献综述

1.3.2.1 当代市场社会主义研究的新成果

约翰·罗默在论文集《平等股份》（*Equal shares*：*Making market socialism work*）中提出了"虚拟证券市场的社会主义"。该模式的理论要点为：社会主义并不一定意味着公有制，而只应理解为一种平等主义；市场机制不是资本主义所特有的，也可以作为实现社会主义目的的手段。其政策主张为：公民通过掌握企业的证券以获得生产资料的支配权；国家通过直接投资方式干预经济或者利用利

---

❶ 张志忠. 当代西方市场社会主义者的公平和平等观探析 [J]. 内蒙古社会科学（汉文版），2004（3）.
❷ 吴学凡. 市场社会主义的和谐社会思想 [J]. 河南师范大学学报（哲学社会科学版），2006（6）.
❸ 刘希裕. 当代市场社会主义的公平和效率理论及其对我国的启示 [J]. 榆林学院学报，2005（1）.
❹ 刘明明. 实现我国社会公正的路径思考——基于市场社会主义的启示 [J]. 西北农林科技大学学报（社会科学版），2013（1）.

率调节企业在特殊部门或地区的投资；允许小型私人企业存在。❶

进入 21 世纪后，阿内森根据时代的新变化又对自身理论进行了两点最新修正和发展。第一，劳动收入而非资本收入是造成收入不平等的主要根源。要解决收入不平等问题，仅仅在平等的基础上重新分配利润收入是不够的，还必须采取减少劳动收入差异的政策。阿内森给出了两项建议：一是强化教育平等，"只要教育政策没有改变，市场社会主义制度就不会带来剧烈的收入再分配"❷。二是对高收入者课以重税。第二，改造人的平等偏好比设计制度更重要。从安然公司、美国长期资本管理公司和美国国际集团等接连爆出的丑闻中，阿内森看到了单纯依靠规则制度的局限性："如果人们是自私和贪婪的，那就没有什么规则体系不能被规避。"❸

戴维·米勒在其著作《市场、国家和共同体：市场社会主义的理论基础》（*Market, state, and community: Theoretical foundations of market socialism*）中提出，市场社会主义模式的目标，即实现市场的效率优势、保障民主管理、保护工人自治权、实现初次收入分配的更大程度的平等，国家的主要经济职能是通过财政政策调节收入在社会中的分配，确定工人收入的最低标准，以福利制度保障公共利益。

戴维·施韦卡特在《反对资本主义》（*Against Capitalism*）第一版中，对"经济民主的社会主义"进行了阐述，希望把经济民主和政治民主有机的结合在一起。该模式认为，市场不等于资本主义；中央计划经济是一种有极大缺陷的经济体制，如它不能对市场信息做出快速反应、缺乏良好的激励机制、有集权化倾向、缺乏创新的动力；市场社会主义是唯一可行的、关乎人们需要的社会主义形式。他主张把民主作为经济体制的基本原则；实行生产资料的集体所有制和工人的民主管理；实行投资的社会控制；采用不完全市场，即只允许存在商品和服务市场，不支持资本和劳动力市场。

近几年来，随着全球形势的变化，佩尔兹的思想也从纯理取向的理论逐渐向实践取向的理论转变，主要对社会主义核心价值、全球经济危机爆发的原因与

---

❶ ROEMER J E, ARNESON R J, WRIGHT E O. Equal shares: Making market socialism work[M]. London: Verso Books, 1996.

❷ ROEMER J E. Some thoughts on the prospects for achieving equality in market economies[EB/OL]. (2006-03-16)[2019-12-15]. http://pantheon.yale.edu/~jer39/prospects.of.equality.pdf.

❸ 罗默. 社会主义的未来[M]. 2版. 张金鉴,徐崇温,余文烈,等译. 重庆：重庆出版社, 2011：序言.

规避以及中国经济改革等问题进行了探讨。戴维·施韦卡特在《反对资本主义》（*Against Capitalism*）第二版的《超越资本主义》（*After Capitalism*）中，认为社会主义的核心价值是代际团结、有意义的工作、参与性的自治、生态的可持续性，并就当前的经济危机、资本主义的结构性不稳定问题以及转型问题进行了论述。❶

1.3.2.2 国外理论界对市场社会主义的批判

市场社会主义理论的提出，虽然受到一些左派人士的欢迎，但也受到另一些自认为是坚定的马克思主义者和右翼自由主义者的反对，其代表人物是伯特尔·奥尔曼、希勒尔·蒂克庭、哈耶克和雅诺什·科尔奈。他们在由伯特尔·奥尔曼主编的《市场社会主义：社会主义者之间的争论》一书中，对詹姆斯·劳勒和戴维·施韦卡特的理论观点进行批判和反驳，并进而阐述了市场社会主义在理论上和实践上的不可行性。他们认为，当代西方市场社会主义是维护资本主义的，仍是资本主义成分较大的经济，是"没有资本家的资本主义"。市场是无效率或低效率的，当代市场社会主义也不会产生效率，实际上，市场只能提供对货币做出反应的信号，市场也总是为了富人而生产；市场是不公正和不平等的。当代市场社会主义将市场作为配置资源的主要手段，就会产生类似于资本主义的那种不公正、不平等现象；市场是无政府的，当代市场社会主义也会产生一系列形式的无政府状态。

哈耶克在《致命的自负》一书中，对市场秩序进行了界定，认为市场秩序就是"在人类合作中不断扩展的秩序，这种秩序更为常见但会让人产生误解的称呼是资本主义……这种扩展的秩序并不是人类的设计或意图造成的结果，而是一个自发的产物……"基于这种理解，以哈耶克为代表的自由主义者否认当代市场社会主义关于市场与社会主义结合的合理性。针对市场社会主义者对平等公正的论述，哈耶克也提出了质疑："在自由人的社会中，社会公正的概念从严格意义上说，是空泛和毫无意义的。"❷平等在一定程度上是有害的，因为它本身就是一种不公平。社会主义者试图通过干预市场及其结果而达到社会公平，这意味着瓦解市场公平，剥夺成功者的财富，维持穷人的依附感，并加强集团利益的特权及侵犯个人自由。

---

❶ SCHWEICKART D. After capitalism[M]. Washington：Rowman & Littlefield Publishers，2011.
❷ HAYEK F. Law，legislation and liberty：2 [M]. London：Routledge and Kegan Paul，1982：68.

雅诺什·科尔奈曾经是市场社会主义的倡导者，但在面对东欧各国尤其是匈牙利改革的困境时，逐渐对公有制和市场经济的兼容性产生了怀疑，在其著作《通向自由经济的之路》中，宣称市场社会主义把公有制和市场结合起来的做法终将归于失败，唯一挽救东欧经济的道路就是私有化加自由市场经济。理由是在市场社会主义条件下，间接的官僚主义取代了直接的官僚主义，"如市场调节是私有财产的自发结果和自然模式一样，这种官僚主义国家的干预也是公有财产存在的自发结果和自然模式"[1]。

1.3.2.3 关于当代市场社会主义分配理论目标的研究

（1）平等是社会主义的首要目标。社会主义的主要价值就是要克服与资本主义相联系的收入、权利与机会的全面不平等。戴维·米勒在《平等与市场社会主义》中认为，市场社会主义追求的平等目标应该是"社会平等"，而不是粗俗的物质上的平等，平等不是用诸如基尼系数这样的量来衡量。社会平等包含两种含义，首先，是机会平等，"它意味着工作、职务及其他有利的职位应该归于那些以自己的努力和个人的才能证明他们是最合适于担当此任的人"，"每个人都有塑造自己的平等机会"[2]。社会平等观的一个最主要的特征就是人民在社会地位上的平等。"当社会平等作为一个重要理想时……社会平等最好理解为社会地位的平等，或者用不同的公式来表达，社会平等是无产阶级社会的理想，这两种关于社会平等的不同表达公式都是指这样一种理想社会，在这个社会里，人民平等的对待彼此，不以垂直的阶级关系区分彼此。"[3]基于这样的认识，戴维·米勒认为，合作制经济模式比资本主义更具有平等的特征。在市场社会主义中，尽管个人的收入分配是不平等的，但是由于在市场社会主义中，所有的收入都是"劳动的收入"，这种收入上的不平等并不会影响社会平等目标的实现。"一句话，市场社会主义实现了三种形式的平等：最低收入的平等，平等的利用由投资机构分配的资本，以及通过合作制度和生产性社会资源社会所有制的优点限制了市场产生

---

[1] JANOS K. The road to a free economy - shifting from a socialist system[M]. London：W.W.Norton&Company，1990：59.

[2] BARDHAN P K，ROEMER J E. Market socialism：the current debate[M]. New York：Oxford University Press，1993：300.

[3] 同[2]299.

的不平等。"❶ 其次，戴维·米勒提出了复合平等的概念，即在经济平等基础上的更广泛的平等，包括接近资本的平等、竞争起点的平等、社会权利和地位的平等、接受教育的平等。

1994年约翰·罗默提出了建构平等社会的第一个设想：市场社会主义。约翰·罗默认为"社会主义根植于平等主义，而不是公有制。社会主义是把公有制作为实现平等主义的工具"❷。在约翰·罗默的论文集《平等股份》提出了"虚拟证券市场的社会主义"，在该模式的分配方案中，约翰·罗默创造性地提出了以确保生产资料初始平等分配为目标的息票的概念，主张建立息票股票市场，并以日式财团的企业建构来解决过去苏联和东欧国家无法解决并导致其失败的"委托—代理关系"。这是一个既确保社会平等又同时兼顾效率的方案，它主要针对苏联和东欧转轨国家、社会主义国家及发展中资本主义国家而设计的。

（2）自由。英国的市场社会主义者彼得·阿贝尔认为，社会主义的精髓在于，首先，是生产领域——对通过使人类能力平等（亦即消极自由范围内的积极自由）的方式；其次，是在消费领域——来满足人们的需要给予不断地关注。社会主义要消灭贫穷，使机会更加均等；社会主义这样做完全是因为它要使自由更加平等。

（3）复合目标。在一些市场社会主义者看来，社会主义的目标不是单一的，市场社会主义要忠实并力求巩固社会主义的多种价值——平等、民主和自由等。英国"合作制的市场社会主义"模式的提出者戴维·米勒指出：传统社会主义者对一些价值目标的追求有时是盲目的和幻想的，他们追求对社会活动的自觉性控制，追求民主、平等、自由和共有。"合作制的市场社会主义"就是力图协调和解决价值目标的冲突，切实寻求实现社会主义核心价值的途径。美国的"民主自治的市场社会主义"模式的提出者托马斯·韦斯考普夫也认为，市场社会主义寻求促进传统社会主义的目标——经济效益、平等、民主的一致。❸

（4）公平和效率的平衡。戴维·施韦卡特在《超越资本主义》一书中认为，最理想的分配机制考虑到公平和效率的平衡要用市场和非市场的混合方法。他的

---

❶ MILLER D. A vision of market socialism：how it might work and its problems[M]. Armond：M. E. Shape Inc. 1994：253.

❷ BARDHAN P K, ROEMER J E. Market socialism：the current debate[M]. New York：Oxford University Press, 1993：89.

❸ 赵炜. 当代市场社会主义分配理论研究 [J]. 北方经济，2008（4）.

基本的想法是，第一次分配要根据公正的原则去分配集中起来的基金，然后进入竞争推进效率。对效率的理解，不仅包括市场效率，而且还包括凯恩斯主义的效率，就是充分就业。❶戴维·施韦卡特认为，在经济民主的市场社会主义模式中，经济民主是一种工作场所民主，社会控制投资的市场经济。经济民主保留着市场经济所具有的刺激结构，这种刺激结构是给予资本主义以效率力量的结构。民主既是实现社会分配的重要目标，也是实现分配的平等、公正的手段。戴维·施韦卡特认为，在经济民主制度下，代议制政治民主扩展到未来的经济决定，而不是由市场那只看不见的手来决定。同时，每个社区都会收到按人均份额分配的国家投资基金，公民对公众事务的参与程度更高。经济民主还体现在贸易政策和生态可持续发展中。经济民主制的经济则有利于生态环境的可持续发展。原因在于以下两点：一是企业扩张就意味着人员的增加，牵涉到利润分享，会使整体经济倾向于可持续发展而不是无节制增长；二是投资的控制有利于实现经济的理性增长，遏制无度消费。

（5）民主。克里斯托弗·皮尔森在《新市场社会主义——对社会主义命运和前途的探索》一书中认为，一旦社会主义条件下的市场代替了资本主义条件下的市场，民主的广度和深度将会有很大的提高。❷巴德汉认为，在市场社会主义社会，将更多地关注诸如教育、医疗、环境保护等社会需求，经济剩余也将以社会红利形式在公民中大体平等分配，将使资本主义社会中那种少数富有者利用经济权力控制政治过程的现象消失，有利于实现民主政治。托马斯·韦斯科夫在其专著《以民主企业为基础的市场社会主义》（*A Democratic Enterprise-based Market Socialism*）中认为，较大程度的收入分配平等可以带来效率，通过建立公共基金股票市场制度所实现的资本收入社会化，使以民主企业为基础的市场社会主义比资本主义经济拥有更大程度的公平。较小的社会收入不平等降低了政府在分配结果上的政策冲突，缓和了政治矛盾，促使政府付出更多的努力去实现整体的增长和提高经济效率。

1.3.2.4　关于实现当代市场社会主义分配方案的研究

美国经济学家巴德汉在其代表作《论解决市场社会主义的软预算约束问题》

---

❶ SCHWEICKART D. After capitalism[M]. Washington：Rowman & Littlefield Publishers，2011.

❷ 皮尔森. 新市场社会主义——对社会主义命运和前途的探索 [M]. 姜辉，译. 北京：东方出版社，1999：114.

(*On Tackling the Soft Budget Constraint in Market Socialism*)中倡导以银行为中心的激励监督模式。其分配方案如下：企业为公共所有，每个企业都采取联合股份公司的形式；几个公司围绕一家主银行形成一簇，由银行向本簇内的公司提供资金；国家不直接拥有一个公共企业；一个公司的股票小部分由内部工人持有，大部分由其所属簇群内的其他公共企业和主投资银行持有，股票也可向簇外公司退休基金和地方政府等机构发售。❶

伊藤诚❷在《市场经济与社会主义》《幻想破灭的资本主义》中，系统地论述了以模拟证券市场为中心的激励监督模式。具体分配方案设计如下：成立起共同基金，共同基金对较大规模企业进行投资；政府将息票平均分配给 21 岁以上成年公民，公民用息票购买共同基金的股票，共同基金购买企业的股票，这样每个人平等地获得规模较大的企业分享利润的权利；息票只能用于购买股票，不能兑换为现金货币。"凭单获息成为公民在有生之年的收入来源之一，但凭单或息票在公民死后要被收回国库，不能作为遗产留给后代。"❸

詹姆斯·扬克（James Yunker）❹在《修正的现代化社会主义：实用的市场社会主义方案》(*Socialism Revised and Modernized: The Case for Pragmatic Market Socialism*)中，针对资本主义分配不合理问题，试图在保持资本主义的经济效率的基础上克服其分配的不公正问题。他提出建立公共机构激励监督模式，在这一模式中设计了以特定公共机构即公共所有局为主要监督主体的机制。具体的方案是设置公共所有局，其职责是监督经济运行，提供激励机制，所收取的所有权收入扣除运行经费外，剩余大部分都将作为社会红利进行分配。社会成员获得社会红利的标准为个人的劳动收入，退休人员则依据退休金数额来进行分配。❺

---

❶ BARDHAN P K, ROEMER J E. Market socialism: the current debate[M]. New York: Oxford University Press, 1993.

❷ 伊藤诚（1936—），是日本著名马克思主义政治经济学家，现任教于日本国学院大学，东京大学名誉教授，日本学士院院士。代表作有《价值与危机》《当代社会主义》《市场经济和社会主义》《世界经济中的日本》。

❸ ROEMER J E, JOHN E. Equal shares: making market socialism work, the real utopias project [J]. Verso, 1996(2): 8.

❹ 詹姆斯·扬克任教于美国西伊利诺斯大学，是当代市场社会主义理论的重要代表人物。自 20 世纪 60 年代初，詹姆斯·扬克便开始进行市场社会主义理论的研究。他在《改进和现代化的社会主义：实用的市场社会主义》(1992)、《资本主义和实用的市场社会主义的比较：一般均衡评价》(1993) 以及《经济正义：市场社会主义的视野》(1997) 等著作中，对社会主义的命运和资本主义的弊端进行了深入研究，创立并不断发展了实用的市场社会主义理论。

❺ YUNKER J A. Socialism revised and modernized: the case for pragmatic market socialism[M]. SanFrancisco: MorganKaufmann, 1992.

戴维·施韦卡特❶在《超越资本主义》(*After Capitalism*)一书中，对以民主方式来分配企业利润的市场社会主义的分配方案进行了具体论证。第一，建立以社会占有生产资料为基础的企业自治，企业的生产资料是社会的集体财产，企业无权变卖自己的固定资产。第二，企业由劳动者自己管理，劳动者对企业的劳动纪律、劳动组织、产品的生产和利润的分配均有决策权，企业的重大决策由劳动者全体代表大会按照一人一票的民主原则做出，日常决策由劳动者理事会和企业经理（由民主选举产生，不是国家雇员）做出。第三，自治企业也追求利润，但是这种利润是产品的价值和扣除工资成本后的生产费用即非劳动成本之间的差额的最大化。第四，自治企业内的分配也不是平均主义的分配，而是通过民主的方式来决定分配的方式和差别。❷

伊藤诚在《市场经济与社会主义》一文和著作《幻想破灭的资本主义》中，系统地阐释了民主、分权的市场社会主义理论，社会主义不等于生产资料的国有化，在生产资料公有的基础上，社会主义除国有企业外，还可采用自治体企业、合作企业、股份企业、个人企业等多种形式；价格不是由计划机关制定，而是由自由市场决定，同时，价格又有社会性的一面；市场社会主义条件下，允许存在社会主义剩余劳动，以及建立在其上的利润、地租、利息等；社会主义为防止全面就业带来的经济僵硬性，可以采用与资本主义失业性质不同的"社会主义产业后备军"。

1.4 本书的研究方案

1.4.1 研究的重点和难点

本书研究的重点：一是理顺当代市场社会主义的分配目标和分配机制；二是从当代社会主义既有的分配机制及实践应用中，寻求适用于中国社会主义市场

---

❶ 戴维·施韦卡特（1942—），美国政治经济学家，任教于美国芝加哥洛约拉大学，其相关的主要著作有《超越资本主义》《资本主义还是工人管理？——一种伦理学和经济学的评判》《反对资本主义》《市场社会主义——社会主义者之间的争论》《超越资本主义》等。他主张以民主方式来分配企业利润的市场社会主义的分配方案。

❷ SCHWEICKART D. After capitalism[M]. Washington：Rowman&Littlefield Publishers，2011.

经济的收入分配改革的空间,确定中国当前收入分配改革的改革路径和改革方向。三是随着中国社会主义市场经济体制的建立和健全,市场社会主义对中国市场经济方面的借鉴意义可能会逐步淡化,所以,对当代市场社会主义分配理论的研究应侧重于挖掘其在经济民主、分配正义、可持续发展等方面的价值。

本书研究的难点:一是从繁多庞杂的著作中提炼出当代市场社会主义分配理论的基本原则和运行机制。二是对当代市场社会主义的分配正义内涵的界定。20世纪90年代以来,学术界虽然对市场社会主义的研究表现出了较高的热情,也形成了一批有见地的观点成果,但多是研究当代的市场社会主义理论,重在译介上,近几年才有一些在了解西方理论背景前提下,从中国实际出发提出一些较为深刻的问题和思考,具有一定的理论深度。在分配正义概念的界定上,在哲学、经济学、社会学等领域中,正义本身就是一个具有争议性的概念。当代市场社会主义的分配正义突出市场作用,允许收入差距的存在,但如何将差距控制在社会容忍的范围内,同时能够体现社会主义的价值目标,这是论述的难点。三是研究素材日益匮乏。这是当前市场社会主义研究面临的最大问题。对市场社会主义的研究需要大量的市场社会主义者的著作和论文做支撑,素材是开展研究的源泉。当前,中国的外文研究材料大多是20世纪八九十年代的,步入21世纪以来,市场社会主义者的著作明显减少,呈现出"内热外冷"的局面,即国内市场社会主义研究如火如荼,而对国外著作的译介相对冷淡。

1.4.2 研究方法

本书的研究涉及政治学、经济学、社会学、政治经济学等多个领域。主要采用规范研究和实证研究相结合,注重理论研究和实践成果的系统化整理和提升,具体方法有以下几种。

(1)比较研究法。本书采取横向和纵向比较的方法进行研究。横向上,多角度、多层面将当代市场社会主义分配理论不同理论模式进行比较分析,纵向上将当代市场社会主义分配理论与传统市场社会主义分配理论分别进行考察研究,对其发展、经验和问题进行总结,归纳其规律性。

(2)系统研究方法。系统分析方法就是要求从系统论的观点出发,着重从整体和部分、内部和外部之间的相互作用、相互制约的关系中,把握当代市场社会主义分配理论的内在逻辑。主要体现在两个方面：一方面，始终将当代市场社会主义分配理论放在当代社会主义理论中去研究；另一方面，注意分配理论本身就是一个由多种要素组成，各要素之间相互联系、相互作用和相互制约的整体，运用系统分析方法研究分配理论就要系统全面地考虑各方面影响因素，并根据这些影响因素提出创新发展的理性思考和着力方向。

（3）归纳法。将当代市场社会主义中分配模式进行梳理，利用归纳法给出分配理论的目标和运行机制；通过对当代市场社会主义相关研究文献的系统梳理，总结本书具体框架和研究内容。

1.4.3 特色和创新之处

针对市场社会主义国内已经有了比较深入的研究，当代市场社会主义的分配理论也有所涉及，但对当代市场社会主义分配理论的目标、原则、构建机制，以及对中国收入分配改革的借鉴意义所进行的系统研究尚不多见，有关这方面的研究成果还比较少。因此，本书试图弥补对当代市场社会主义分配理论研究的不足，挖掘当代市场社会主义分配理论的当代价值和意义，为推动中国特色社会主义市场经济分配理论及制度的发展提供新的分析视角。

目前，国内学界在市场社会主义分配理论横向方面的研究，多集中于其经济方面，本书侧重加强对其政治民主、可持续发展等方面的研究。力求在坚持马克思主义基本理论的基础上，立足中国特色社会主义市场经济的发展实际，从一个全面的视角来分析市场社会主义分配理论，并为中国特色社会主义收入分配改革提供借鉴。

1.4.4 本书的基本框架

本书通过历史和现实的角度对当代市场社会主义的分配理论进行梳理，寻找出发展的脉络，从理论上对其思想发展、分配目标、分配机制和历史经验加以阐述和论证，并进一步阐述市场社会主义分配理论所具有的当代价值和意义。本书包括导论、当代市场社会主义的兴起及其分配理论的新模式、当代市场社会主义的分配目标、当代市场社会主义的分配结构、当代市场社会主义的分配机制，以及当代市场社会主义分配理论的评价和借鉴意义等内容。

本书将当代市场社会主义作为一个社会主义流派来考察,而不仅仅是将它看作一种经济模式。因此,本书在分析当代市场社会主义分配理论时,不局限于收入分配,将政治资源、公共资源(社会资源、生态资源和文化资源)也纳入分配对象的范畴,对当代市场社会主义的分配原则、分配结构和分配机制进行分析论述,并从中提取对我国社会主义分配理论与实践的借鉴意义。这是本书写作的逻辑脉络。

第一章导论部分对本书的研究背景、研究现状、研究思路、研究方法及创新之处进行了论证。第二章对当代市场社会主义兴起的历史背景和主流分配模式进行了梳理,市场中性机制理论为当代市场社会主义的发展奠定了理论基础,苏联模式的失败、东欧国家市场社会主义改革的经验教训,以及社会民主党"福利国家"的实践为当代市场社会主义提供了丰富的实践经验。20世纪90年代,市场社会主义形成了多达数十种的新模式。本书的第三、第四、第五章是分配理论的主要内容,这三章系统地论述了当代市场社会主义分配理论的分配目标和运行机制。第三章将当代市场社会主义的分配目标概括为平等与效率,分配目标强调平等,在平等的基础上实现效率。从福利平等、机会平等、平等和效率的均衡点三个方面对市场社会主义者有关平等和效率的理论进行了论述。为了有效地实现平等与效率的协调,当代市场社会主义从经济民主和政治民主两个方面进行了制度构建,为平等和效率的实现提供了程序保障。第四章探讨了国家、社会和市场三个分配主体所构成的分配结构。国家与市场、政府与公民在分配中的相互协调、良性互动的过程为市场社会主义体制得以确立并稳定有效运行提供了基础,在这个过程中,权力与资源分配相对均匀,社会成员共同参与公共决策和社会管理过程,社会经济发展利益为全体社会成员共享。第五章从宏观和微观两个层面对当代市场社会主义的分配机制进行论述:宏观层面的市场初次分配、政府再分配,微观层面的公民民主政治权利和公共制度建设。除了对国家内部的经济资源、政治资源、社会资源分配进行分配制度设计以外,当代市场社会主义者从生态问题、代际问题、贸易格局等方面对国家间资源分配进行探讨。第六章对当代市场社会主义分配理论进行评价,分配理论既是社会的一种价值追求,也是审视、评价社会的一种思维范式。市场社会主义作为当代国外一支重要的社会主义流派和思潮,它在发达资本主义国家内部成长起来,既试图超越计划社会主义又力争超越市场资本主义,并非如倡导者描述的那样完美无缺,也非其批判者形容的那样一无是处。第七章论述当代市场社会主义分配理论对中国特色社会主义市场经济分配理论的借鉴意义。当代市场社会主义分配理论主张按劳分配、公平与效率的统一的分配形式,在合理政府干预基础上充分发挥市场作用,基于激励视角确立分配的机会平等原则,同时推行经济民主作为一种有限的民主化形式对微观经济决策实行较大的民主控制。这些对我国社会主义市场经济建设具有积极借鉴意义。

第2章
当代市场社会主义的兴起
及其分配理论的新模式

第2章 ◎ 当代市场社会主义的兴起及其分配理论的新模式

2.1 当代市场社会主义兴起的历史背景

东欧剧变之后，西方自由主义对社会主义展开了更猛烈地抨击，20世纪90年代中后期，西方左翼学者在深刻反思苏联和东欧社会主义失败教训的基础上，掀起了当代市场社会主义的新辩论，提出只有实行市场社会主义才是发达资本主义国家走向社会主义的唯一可行的方案，种种市场社会主义新模式被详细地描述出来。

2.1.1 对东欧国家经济体制改革的反思

东欧剧变，苏联解体，使世界社会主义运动遭受了巨大挫折，也促使理论界对传统社会主义理论和苏联及东欧的社会主义实践进行了深刻反思。

苏联和东欧国家在革命胜利后，建立起高度集中的中央计划经济体制。这一体制在长期运行过程中，产生了一系列弊端，影响了社会主义国家的经济发展绩效。从20世纪50年代中期开始，苏联和东欧国家相继进入市场社会主义改革阶段，试图在不触动计划经济体制的基本框架的前提下，通过局部分权和引入市场机制的方式，实现市场与社会主义的有机结合。受内部和外部诸多不利因素的影响，市场社会主义改革未能扭转计划经济体制失败的命运，而苏联和东欧国家也纷纷踏上向资本主义市场经济全面转型的道路。

苏联和东欧国家的经济体制改革受到苏联和东欧传统计划经济体制及马克思、恩格斯关于未来社会构想的影响,同时也是东欧国家在特定的政治、经济、社会和国际环境约束下,做出的一种历史必然选择。尽管计划经济体制在集中动员人力、物力、财力资源建立国家的工业化基础,促进经济快速增长方面发挥了巨大的历史作用,但它在运行过程中,却产生了一系列难以克服的内在弊端,从而影响了苏联和东欧国家的长期经济发展绩效。

随着东欧国家的经济体制改革的发展,其经验与教训也逐渐浮出水面,这些国家引进市场机制以后,起初人们热情高涨,经济状况有了很大起色。但是经过一段时间以后,又引出了新的问题,表现出计划与市场的矛盾。东欧国家经济体制改革存在的问题与矛盾,也是"计划与市场并行、决策分散"的市场社会主义理论与模式问题,这些问题集中一点就是改革还不彻底,还没有触及实质性的弊端。

对于这一问题,美国学者托马斯·韦斯科夫在后来构建当代市场社会主义模式时,从一个侧面做了深入的分析。他指出,尽管苏联和东欧国家在发生剧变以前进行了不同程度的市场取向的改革,或实行了某种程度的工人自治和管理,并取得了一定的成效,但这一切并没有解决行政命令经济固有的基本经济问题。首先,这些国家的市场社会主义和市场取向的改革,仍然是在官僚控制和集权的政治环境中进行的,真正市场社会主义所要求的有民主政治的条件根本不具备。其次,尽管集中的经济控制有所放松,但软预算约束问题仍是冥顽之症。政府仍然为那些经营不善的企业提供财政援助,投资资本的配置仍然与企业的经营绩效无关。国家控制和有更多自治权的企业都是在缺乏有效竞争及企业自由进退机制的高度垄断环境下运行的。在引进自我管理的地方,尤其像南斯拉夫社会主义联邦共和国那样,资本财产的产权关系仍没有很好地解决,企业获得资本的数量与资本本身的稀缺价值没有任何关系,而且工人自治依然受到国家和政府的严重控制。

总结南斯拉夫和匈牙利经济体制改革的问题时,人们普遍认为,主要原因在于市场的运用还很不够。南斯拉夫社会主义联邦共和国社会计划局总局长扎·帕奇皮指出,南斯拉夫社会主义联邦共和国的改革没有获得成功,是因为仅仅搞了体制改革,而没有改变经济结构,而经济结构的改革应以市场的全面功能为基础,应以商品、社会资金、货币、劳动和知识的市场为基础,并认为只有市场可以成为改变经济结构的基本动力。

2.1.2 西方左翼知识分子对自由主义的反思

面对东欧剧变和资产阶级经济学家对苏联模式和社会主义的肆意攻击,西方左翼知识分子没有被这股浪潮所压服,经过短暂的沉寂之后,他们同样拿起理论武器,进一步反思苏联模式的同时,反击老自由主义右翼的进攻,批判资本主义制度,并在论战中重新构建社会主义未来的蓝图。

西方左翼对自由主义的反思从两个方面入手,一是对于东欧国家解体后转向新自由主义反思;二是对资本主义制度的批判。

西方左翼对苏联模式的批判早已有之,只是这种批判的出发点在东欧剧变前后有所不同。东欧剧变之前,西方左翼主要批判苏联模式的弊端,批评高度集中的计划经济的低效率现象,东欧剧变之后,苏联模式失败的原因再次引起争论,但左派与右派对苏联模式采取全面攻击的立场相反,他们持辩证分析态度,为苏联模式的某些社会主义特征辩护。

东欧剧变以后的西方理论界普遍认为,造成苏联模式失败的原因是这种模式及其经济运作的三个要素:一是无竞争不民主的政治;二是高度集中的中央计划经济,即由中央指令性调配资源与产品;三是生产资料公有制。右派理论家还由此得出结论,历史证明社会主义是不可行的,必须恢复资本主义制度。但是左翼理论家坚定地反对这种对苏联模式全盘否定的观点。他们列举苏联模式尤其是其在特定的历史环境中所取得的辉煌成就。例如,一方面,斯大林模式在苏联工业化发展时期推动了苏联国民经济的发展,当时的苏联只用两个五年计划的时间,就基本上实现了社会主义工业化,为后来的发展奠定了基础。世界上只有苏联敢于同美国抗衡,制约帝国主义的世界霸权战略。另一方面,尽管苏联没有实现真正的共产主义平等,但这些国家原来的制度至少保证了经济的稳定、安全和相对平等,即便这是在较低水平的物质福利基础上进行的。而资本主义市场经济虽然促进了经济增长,却形成了制度性的不平等、不稳定和不安全。关于苏联模式失败的原因,左翼理论学家包括激进政治经济学的代表人物否定了右派的结论,他们尤其不能容忍对于生产资料公有制的攻击,但他们认为国有制并不代表公有制。当然专制的政治在标榜自由民主的西方社会难免会遭受谴责,过度的中央计划指令同样被当作经济效率低下的根源受到批判。这种批判是有正当理由的。英国期刊《新左派评论》主编布莱克本在其长篇论文《世纪之末·大裂变后的社会主义》❶中指出苏联模式集中计划的问题。他写道,就计划内容而言,苏联第二个五年计划仅仅提到 300 种特殊产品,而 1960 年的计划则涉及 20 万家企业生产的 15000 种产品。计划的复杂性有增无减,其信息来源及反馈不完全,就难免夹杂计划者不科学的主观意志,造成资源调配的不合理,破坏了经济福利。

以高度集中的计划经济为特征的苏联模式已经失败,这是否就意味资本主义是尽善尽美的,是社会发展的未来呢?事实证明,苏联在解体后实行全盘私有化、市场化的经济政策,不仅没有带来效率,反而带来了深刻的变革性衰退。1991—1995 年,俄罗斯的工业生产平均每年下降 13%,农业生产每年下降 8%,而实际工资每年下降 18%。❷虽然 20 世纪 90 年代中后期,经济发展相对稳定下来,但在劳动生产力、收入数量和收入分配、管理质量方面,俄罗斯左翼知识分子对资本主义社会切身的经历和体验给予了坚定的否决。生活在西方社会,他们深刻地体验到资本主义无法解决自身社会不能消除的社会矛盾和不公正、不平等和无效率的问题:资本和权力的集中产生剥削和异化。在资本主义繁荣的背后潜伏着结构性危机和周期性危机,为了利益链而走险,过度投机破坏了世界经济的正常秩序,在少数人报复的背后是留给其他国家和地区以及广大民众的深重灾难。不平等的增长势头严重,财富分配的两极分化,发达资本主义中心国对落后资本主义"依附国"的层层盘剥,生态环境破坏和精神道德的堕落,资本主义世界现实存在的种种矛盾和危机,是西方社会认识到尽管社会主义在东欧和苏联已经瓦解和崩溃,但资本主义在经济和伦理基础上,仍然不能得到辩护,资本主义绝不是社会发展的未来。东欧剧变之后,苏联和东欧国家普遍采取全面引入西方自由市场经济的"休克疗法"改革措施,结果却无一例外地陷入经济衰退、物价飞涨、工人失业、人民生活水平下降等困境中。

那么能否构建一种经济制度,从效率和平等(社会公正)两个方面都比现代资本主义具有显著的优越性又能避免苏联模式的弊端?左翼理论家的答案是肯定的,尤其是当代市场社会主义的倡导者。在这种背景下,远远超出市场社会主义的范围,各种各样有关社会主义未来的研讨会、报刊辩论栏和未来理想模式构建的文章与专著如雨后春笋般的出现。

---

❶ BLACKBURN R. Finde siecle: socialism after the crash[J]. New Left Review, 1991, 185: 40.
❷ 雅各布森. 苏联解体后的俄罗斯经济 [J]. 湖南商学院学报(双月刊), 2012: 12.

2.1.3 市场中性机制论的确立

20世纪70年代以后，围绕资源配置而产生的比较经济体制学获得了巨大发展，经济运行机制可与所有制相分离的思想先后被提出并为许多经济学家所承认。市场中性机制论应运而生，在埃克斯坦、保罗·R.格雷戈里、林德布洛姆、柏格森、贝尔等经济学家的推动下，解决经济体制的首要问题由以往对生产资料所有制取向问题的研究转向应懂得占统治地位的管理原则不取决于所有制的性质，经济体制的机制能够从一种经济环境移植到另一种经济环境中。市场是一种中性机制❶，只是配置资源的工具之一。南斯拉夫资源配置由计划转向中性的市场的经济改革成为这一批经济学家论证市场中性机制论的有力佐证。

迪夸特罗在1975年提出了社会主义原则与市场不相矛盾的重要论点。在此之前，保罗·斯威齐❷提出"市场社会主义"是一个矛盾概念的说法，在保罗·斯威齐的观点中，只要赞成市场关系的不断扩展，就是向资本主义逼近，要求建立法人私有财产的新形式，促使社会主义向资本主义转移。在《市场社会主义与社会主义准则》一文中，迪夸特罗驳斥了市场社会主义概念矛盾的观点。迪夸特罗指出，"这种观点把资本主义阶级关系与作为一种有效分配资源的方法的市场调节的运用混为一谈。市场不是资本主义特有的，它本身并不包含资本主义关系、异化劳动、获利性动机、垂直的工厂组织、分配不平等、工人对政治组织管理的缺乏"。导致异化劳动、分配不公、阶级剥削的根源不是市场，而是资本主义生产关系，尤其是资本主义生产资料私有制，没有必要把自由市场的存在与生产资料的阶级所有制联系在一起，迪夸特罗把作为分配资源的方法的市场与作为分配财产和权力的手段的资本主义环境完全区分开来，断定市场并不一定就是资本主义。

在上述区分的基础上，迪夸特罗又设法把市场经济镶嵌到社会主义的基本经济制度的框架中去，详细论证了"市场的运用与社会主义制度不相矛盾"的观点。他指出，以社会主义制度为背景的市场机制的运用与定义社会主义社会的准

---

❶ 格雷戈里. 比较经济体制学[M]. 上海：上海三联出版社，1988；林德布洛姆. 政治与市场：世界的政治经济制度[M]. 王逸舟，译. 上海：上海三联出版社，1992.

❷ 保罗·斯威齐（1910—2004）是20世纪美国最为著名的马克思主义经济学家，他在分析以垄断、帝国主义和世界性为特征的现代资本主义经济的运行，探索资本主义向社会主义的过渡做出了卓越的贡献。其代表作有《垄断资本》《资本主义发展论——马克思主义政治经济学原理》。

则并不是不一致。第一，市场的运用不一定损害生产资料公有制，第二，市场的运用不一定妨碍平等主义分配原则的实现，社会主义国家可以通过制定由平等主义准则规定的各种再分配政策，阻止收入差别超过可接受的基点。第三，市场的运用还有利于促进工人民主，像南斯拉夫那样的市场社会主义模式，工人可以更多地参与企业的决策和管理，市场社会主义获得市场的优点，同时避免资本主义的缺点。

比较经济体制学和社会主义经济理论的这种发展为市场社会主义不久后的重大突破奠定了坚实的理论台阶。

2.2 当代市场社会主义分配理论的新模式

市场中性机制理论为当代市场社会主义的发展奠定了理论基础，苏联模式的失败、东欧国家市场社会主义改革的经验教训及社会民主党"福利国家"的实践为当代市场社会主义提供了丰富的实践经验。20 世纪 90 年代，市场社会主义形成了多达数十种的新模式。本书根据企业的组织管理形式将这些种类繁多新模式分为经理管理型、劳动者管理型及泛市场社会主义三类，每类选取几种典型模式进行讨论。

2.2.1 经理管理型市场社会主义的主要模式及分配理论

经理管理模式市场社会主义最基本的主张是公有企业在参与市场竞争，由经理管理负责，追求利润最大化，实现公平和效率相结合。经理管理模式主要有两大特点：一是保留了市场经济运行效率的前提条件利润最大化原则和经理关系负责制。实现公平和效率相结合是其社会价值结构的目标，为了保持经济效率，公有企业由经理进行管理，而非工人民主式管理。二是为了保证分配公平，提出了分配社会红利的措施，将公有企业的大部分利润以社会红利的形式分配给社会成员。社会红利以"利润"的形式存在，资本主义社会归资本家所有；而在经理管理型市场社会主义模式中,生产性资本归全社会成员所有,资本的收益也应属于全社会。这类模式的主要代表有约翰·罗默的"虚拟证券市场的社会主义"和詹姆斯·扬克的"实用的市场社会主义"。

2.2.1.1 约翰·罗默的"虚拟证券市场的社会主义"分配方案

约翰·罗默在《平等股份》一书中,提出了按证券分配企业利润的市场社会主义的分配方案。该方案的主要观点如下。

(1)建立以证券为基础的公有经济。政府预先给每一个成年居民分发一定数额的证券或资金证明,供公民购买企业的股票,但股票的面值只标明证券的数额,而不是正规通货的数额。人们可以按证券的数额相互交换不同企业的股票,但不得用货币购买企业股票。证券只供公民自己终身使用,不得转赠他人。每个人的证券明细表在死后都要交回国库,同时政府给新成年公民持续不断地分发证券。这样,一方面,可以防止出现穷人丧失股权而使证券最后集中在少数富人的手中,让人们在有生之年分享到经济总利润;另一方面,人们可以用证券来购买不同企业的股票,使证券股市价格也像普通股市一样上下波动,从而有利于加强企业的管理,并把股票市场所具有的优点变成了承受风险和监督企业的手段。

(2)企业利润按证券平等分配。所有的企业资金都来源于公有银行,银行的利润则上交中央政府,并用于公共品,如教育、医疗等的投资。但公民用政府分配的证券购买了企业股票,拥有企业的股份,从而并拥有了分享企业利润的资格,劳动者凭证券可以获得自己企业和其他企业的红利,红利的多少取决于企业经营的效益。

(3)实现国民收入的彻底的平等分配是不现实的。只要劳动力市场还存在,人们的教育水平和能力还存在差别,工资收入的不平等就是不可避免的。实行企业利润的平等分配与保留工资收入的差别,是把效率问题和平等分配问题适度分开,从而有利于缓和平等与效率之间的矛盾,它所实现的平等程度大大高于通过税收和转移支付实现的收入和分配的平等程度。

2.2.1.2 詹姆斯·扬克的"实用的市场社会主义"分配方案

詹姆斯·扬克的"实用的市场社会主义"分配方案消灭了资本主义社会中,资本所有权收入和其他类型的生息资本收入等非劳动财产收益,在保留资本主的经济效率力量的基础上实现分配方面的改良。在《修正的现代化社会主义：实用的社会主义方案》一书中，詹姆斯·扬克系统地提出了自己的理论主张：第一，将能够带来非劳动收入的私人生产资本转为公有，私人企业变为公共所有（小型企业和企业家经营的企业通过交纳资本使用税变为公有），以消除当代资本主义社会资本收益分配的不平等；第二，公有企业按原有方式经营运转，保持利润最大化的目标机制，这也是詹姆斯·扬克推行的"社会化的公有制"不同于"国有化"的地方；第三，公有企业的利润大部分将以社会红利的形式公平地分配给社会成员，个人所得红利与其所挣得的劳动收入（工资和薪金）成正比。

詹姆斯·扬克模式的目标是既要追求更高经济效率又要追求更大程度的平等。为了实现这一目标，实用的市场社会主义运行机制如下：首先，根除社会分配不平等的根源——资本所有权收益，变私人企业为公共所有，企业的股票债券及储蓄利息等来源于金融资产的非劳动财富变为公共所有。其次，在实现了资本所有权社会化以后，采取适宜的方式将公有企业的利润公平的分配给社会成员以实现社会分配的平等，这个适宜的方式就是通过公共所有局实现对公共企业利润的分配。分配结构如图2-1所示。

公共所有局是承担监督和激励职能的部门，但它并不是中央计划机构，是一个行使公有财产权的国家政府机构。公共所有局接管的是股票和债券等在资本主义社会中，为私人所有的能带来非劳动收入的资本性财富，不是一般意义上的财富，富人仍然存在，仍拥有自己的实体资产和存款（没有利息），消除的不是富有的生活方式，而是能够带来富有生活方式的非劳动的财产收入。公共所有局所分配的社会红利来源有两个，一是其所接收的所有权收入（私人所得的生息资本收入和小型私有企业和企业家经营的企业所上缴的资本使用税）；二是公有企业除留作税收和自用资金部分外的利润。

公共所有局将其收入的95%以社会红利的形式分配给社会成员，余下的不足5%的份额留作运作经费。这部分份额至少要占全部收入的95%。社会红利分配的依据是社会成员个人的劳动收入（工资和薪金）：个人所得的社会红利份额同本人挣得的劳动收入成正比，退休人员的社会红利份额同其退休金额或其他形式的补偿薪金成正比。

第 2 章 ◎ 当代市场社会主义的兴起及其分配理论的新模式

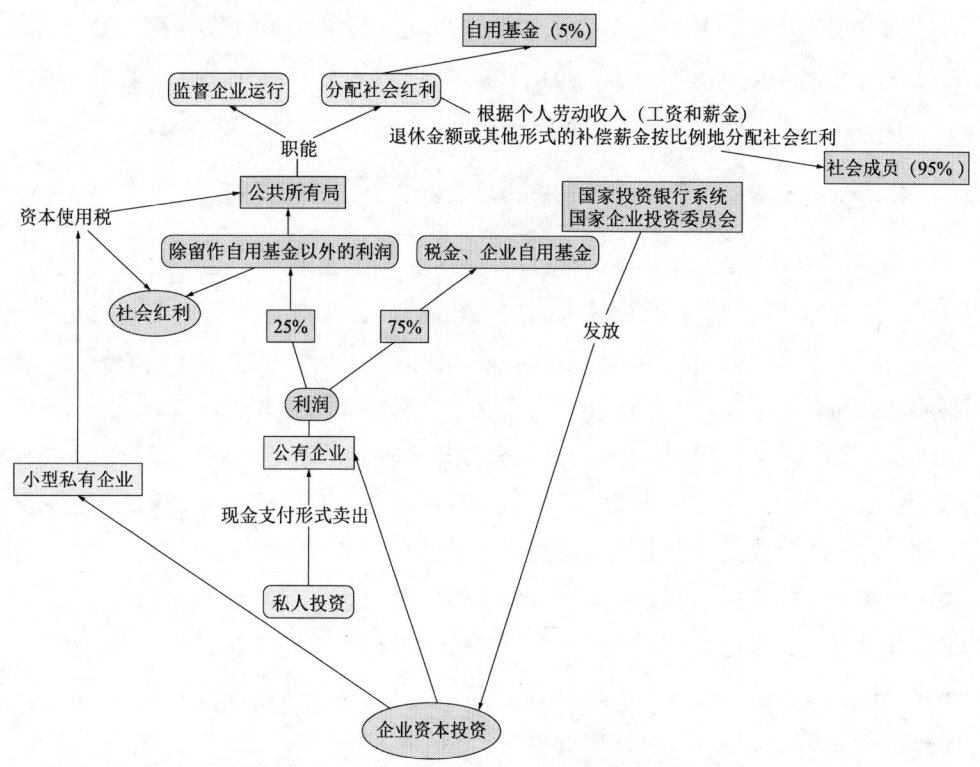

图 2-1　詹姆斯·扬克"实用的市场社会主义"模式分配结构

2.2.2　劳动者管理型市场社会主义的主要模式及分配理论

劳动者管理型的市场社会主义模式强调工人对自己所处企业的控制权,企业实行集体经营管理,企业的利润属于企业的全体劳动者并在投资、工资和集体需要之间进行分配,这与经理管理型市场社会主义模式有着明显不同。其中典型的代表是戴维·米勒❶的合作制市场社会主义,以及戴维·施韦卡特等的"经济民主的市场社会主义"。"经济民主的市场社会主义"模式与合作制市场社会主义略有不同。经济民主型突出企业管理的民主性质,强调把经济民主和政治民主有

---

❶ 戴维·米勒(1946—)当代英国政治哲学家,也是当代市场社会主义和多元正义理论的主要代表人物之一。现任英国牛津大学纽菲尔德学院社会学和政治学教授,是英国市场社会主义的主要代表人物之一,其代表作有《市场、国家和社会》《社会公平》《平等和市场社会主义》等。

机的结合起来,呼吁企业生产由工人民主控制,实现充分的劳动者自由。比较有代表性的模式是戴维·施韦卡特的"经济民主的市场社会主义"、彼得·阿贝尔❶的"公平的市场社会主义"及伊藤诚的"民主、分权的市场社会主义"。

2.2.2.1 戴维·米勒"合作制的市场社会主义"分配方案

在戴维·米勒的"合作制的市场社会主义"模式中,占主导地位的生产企业是工人合作社,合作社实行工人民主管理,它自行决定收入如何在其工人中分配,决定生产、投资及产品的价格和其他相关事务;国家设立公共投资部门,掌握着社会拥有的资金,为合作社提供最初的生产资金。

(1) 通过企业民主实现初次收入分配较大程度的平等。通过互相作用的合作企业系统的工人自我管理来实现资本所有权社会化,从而消除资本所有权的私人收入,创造社会成员人人拥有起点平等的机会。企业实行民主管理,自己确定内部的民主管理机构:小型企业可以由全体工人参加的企业大会决策,大型企业可以通过设立专家委员会、执行委员会等机构进行决策。每个工人都有平等的投票权,通过投票决定收入分配、生产规模等。企业以合作社的形式存在,实行民主控制,自行确定内部民主管理机构。

(2) 国家自觉实施经济调节功能,调整收入分配,以实现分配的公正。合作制市场社会主义有市场,企业实行市场化运作,在市场运行的基础上,国家发挥重要作用。在资金调节方面,银行作为国家的公共投资机构负责向现有的和新成立的企业提供资金,其投资决策不仅要从企业的商业可行性方面考虑,而且还要考虑发挥公共机构的宏观调控作用,维护市场竞争秩序、维持区域间的就业平衡等。收入标准方面,确定工人的最低收入标准并监督企业至少在短期内保证提供这样的收入,保障新企业的发展或旧企业的改组得以正常进行。税收政策方面,通过制定相关税收政策调整收入分配,以实现分配的公正;提供社会福利等公益事项,以满足公共需要。

2.2.2.2 彼得·阿贝尔"公平的市场社会主义"的分配方案

彼得·阿贝尔所撰写的《公平的市场社会主义》一文收录在由索尔·埃斯

---

❶ 彼得·阿贝尔是英国萨里大学教授,现任教于伦敦政治经济学院,他在以数学对社会科学进行量化定性分析方面做出了卓越贡献,组织创办伦敦政治经济学院跨学科管理研究所。

特林编纂的《市场社会主义》中,在这篇文章中,彼得·阿贝尔提出了实行劳资合伙制,按劳资股份分配红利的方案。

彼得·阿贝尔认为,上一代社会主义者所提出的分配原则有两个,一是各尽所能、按劳分配;二是各尽所能、按需分配。各尽所能反映的是效率,而按劳分配与按需分配则反映的是分配正义,但二者都没有涉及自由问题。原则是假设了一种特殊的激励结构,即有必要实行能者多酬,以鼓励他们发挥能力。各尽所能意味着人的能力若全部投入生产中,将使最终用于消费的商品和服务的价值极大化,这是一种生产效率的推定原则。而按需分配不能只理解为把消费与需求联系起来,而且关系到尽可能地提高人的生产能力的问题,这一点只有在公平的市场社会主义经济中才能得到最有效的实现。

彼得·阿贝尔主张通过政府来建立大致均等的能力,实现公平分配。一是通过税收制度的改革来扩大资产占有的平等,即通过改遗产继承税为资本收入税,也就是个人要为其生前收到的馈赠和遗产依其总数的大小而缴纳的税种,这将避免遗产税对扩散财产缺乏激励作用的短处,鼓励馈赠者自动地扩散财产。二是国家应尽一切力量逐步实现起始阶段资本能力的均等化,甚至可以通过可偿互惠投资公司的形式,把某些股本赠送给所有的成年人。公平的市场社会主义的分配是通过劳资合伙这种特定的企业形式来实现的。在劳资合伙企业中,资本的供给者与劳动力的供给者都拥有企业的股票,都有权获得企业净收入中的红利。资本股在市场上可以交易流通,但劳动力股则不能,企业的最高控制权由劳资双方选举的等额人员组成的董事会掌握,新股东无论是资本股还是劳动力股,只要他们一进入企业,就具有分享红利的资格。劳资双方可以通过订立合同,使各自的收入比例随机而变并共担风险,因此,在劳资合伙的框架内,广泛存在着各种形式的分担风险的机会,同时培育和发展着同质的激励机制。

2.2.2.3 戴维·施韦卡特的按"经济民主的市场社会主义"的方式分配企业利润的分配方案

戴维·施韦卡特主张以"经济民主的市场社会主义"的方式来分配企业利润的分配方案。

(1)工人自我管理的企业自治。建立以社会占有生产资料为基础的企业自治,企业的生产资料是社会的集体财产。这种社会所有制表现为企业依法有义务保证企业资本存量的价值完好无损，企业无权变卖自己的固定资产。但企业由劳动者自己管理，劳动者对企业的劳动纪律、劳动组织、产品的生产和利润的分配均有决策权，企业的重大决策由劳动者全体代表大会按照一人一票的民主原则做出。日常决策由劳动者理事会和企业经理做出，企业领导人由劳动者民主选举产生，他们不是国家雇员。自治企业也追求利润，但是这种利润与资本主义利润有本质的不同，它所追求的是产品的价值和扣除工资成本后的生产费用即非劳动成本之间的差额的最大化。在自治企业里，劳动不是和土地、资本一样的生产要素，它不是商品。因为一方面劳动者一旦参加了企业的工作，他就获得了民主的权利，另一方面劳动也不是按照和其他生产要素同样的规则参与利润分配，同时，自治企业内的分配也不是平均主义的分配，而是通过民主的方式来决定分配的方式和差别。

（2）取消资本和劳动力市场，对企业红利进行民主分配。在经济民主制模式中，不存在股票市场，国家的基本财产被视为集体财产；废除了雇用劳动，劳动力不再作为商品，"由于工人获得的是企业利润的一部分，因而不能认为工人是向企业出卖自己的劳动力，因而也就更谈不上还存在劳动力市场"[1]。市场经济条件下，工人管理的企业也追逐利润，但企业除缴纳资本资产税给国家和补偿部分折旧费外，经济剩余归劳动者所有。

（3）通过社会控制投资，配置产品资源。投资的社会控制主要采取民主和有效控制相结合的形式，其是为了改变资本主义生产的无政府状态。第一，社会投资基金由对企业收取的资本资产税构成，在这种再投资机制下，投资基金将用于新的投资；投资基金按各地区的人口比例分配到各地，同时也根据具体情况对旧式产业现代化升级的特别地区、不发达地区进行多于人均份额的投资。投资基金的具体分配由公共银行来执行，盈利高的、能够有效增加就业的企业将会获得更多投资，因此，衡量银行的绩效的准则也是是否能够创造稳定的经济收入和更多的就业机会。第二，公共资本预算支出在投资基金中的比重由立法机构决定，国家、地区和社区的每一级都需要留有一定比例的公益资金。

2.2.2.4 伊藤诚"民主、分权的市场社会主义"

伊藤诚与约翰·罗默等西方市场社会主义者同期提出了自己的市场社会主

---

[1] 曾枝盛. 国外学者关于马克思主义若干问题的最新研究[M]. 北京：中国人民大学出版社，2006：25.

义理论。伊藤诚吸取苏联型社会主义因废除市场经济、压制民主等因素而崩溃的教训,在制度设计中引入市场经济和民主,提出民主、分权的市场社会主义。

(1) 利润属于全体人民所有。市场社会主义条件下,允许存在社会主义剩余劳动,以及建立在其上的利润、地租、利息等。伊藤诚认为,马克思并未主张消灭剩余劳动,而是肯定了剩余劳动的存在,以满足扩大再生产、抵御社会风险、公共服务等社会总产品中的必要扣除。剩余劳动产生利润,市场社会主义条件下的利润同资本主义条件下的利润一样,具有衡量经济增长的指标、调节资源与劳动的分配、刺激技术革新三方面的职能;不同之处在于,市场社会主义下的利润基本上属于全体人民,不为资本家、股东和经营者所有。

(2) 生产资料公有制基础上的不同所有制企业的利润分配。通过自治体企业加强各级地方自治体的作用,鼓励地方政府发展地方企业,逐步消灭地区经济差距,夯实地方财政基础;工人自己建立合作社工厂,企业不采取靠资本主义营利性、出资金额大小来决定经营权及分配差额等形式;股份制企业在经过改造后,将企业所有权和经营权分离,经营权掌握在工人手中,实现所有权的社会化,由社会确保工人自己的基金(养老金和储蓄)对股份公司的支配权,扩充职工持股制。允许个人企业存在,通过税收实现企业利益社会化,而且个人企业不允许继承。

2.2.3 泛市场社会主义的主要模式及分配理论

泛市场社会主义模式是指一些不能严格按照"公有制加市场"的框架来衡量的理论观点和模式,但这一类模式强调市场和价格机制是社会主义经济不可缺少的工具,虽然提出这一类模式的学者并不承认自己是社会主义者,但其价值取向和某些具体思考与市场社会主义模式具有一致性。这里主要介绍迪安·埃尔森的"市场社会化"理论和弗莱德·布洛克的"没有阶级权力的资本主义"方案。

2.2.3.1 迪安·埃尔森的"市场社会化的社会主义"分配模式

20 世纪 80 年代末期,迪安·埃尔森❶针对当时亚力克·诺夫和左翼学者埃内斯特·曼德尔之间关于社会主义经济模式的理论争论发表了《市场社会主义还

---

❶ 迪安·埃尔森是埃塞克斯大学社会学教授,是著名的西方女性左翼学者。

是市场社会化》❶，成为第三方理论的代表人物，提出了"市场社会化的社会主义"模式；2009年发表了《社会化的市场，而非市场社会主义》❷一文对"市场社会化理论"进行了补充。虽然迪安·埃尔森极力强调自己的市场社会化通过重构市场使之与社会主义相结合，是区别于市场社会主义的。但她的理论强调社会主义经济对市场和价格机制的运用，支持了市场社会主义的观点，对市场社会主义起到了补充的作用。同时，为了克服资本主义社会存在的不公平现象，保障社会公平，迪安·埃尔森也提出了许多具体有效的措施。

（1）社会化的市场服务于普遍的公共利益。迪安·埃尔森认为，市场社会主义者所推崇的市场没有超出资本主义古典经济学的范围，但社会主义经济中的市场应该是社会化的，市场的社会化体现在公众普遍参与的市场，经济信息是公开的，所有企业和个人都能够平等地、免费地获取他们所需要的信息，彻底打破资本主义自由市场经济下资本和信息的垄断并最终取消资本市场，为发展社会主义创造条件。一个市场的社会主义化要允许各方面发挥积极性，而且要创造新的途径和激励机制，使个人积极性服务于公共利益，因此，社会化市场比由企业组织的市场更加符合工业民主。为了能够在劳动力市场、生产资料市场、消费品市场等方面充分实现市场社会化的构想，迪安·埃尔森构建"价格和工资委员会"，制定价格和工资标准、披露产品的价格和成本；建立各种"公共信息网络"，向符合一定公共标准的公民提供产品数量、特征和生产过程的信息；组建消费者联盟，在承担消费者协会职能的基础上教育消费者从国家经济发展的角度理性消费。

（2）工人管理公共企业。为了确保其社会主义方面的性质，市场社会化模式中采取的主要经济形式是"工人管理的公共企业"。公共企业的财产权由代表共同体利益的公共企业调节机构行使，工人被限制为行使使用权；公共企业调节机构主要职责是确保人们在对公共资产的使用上遵守一些民主准则，以防止某些个人把企业资产据为己有。公共企业工人的收入包括三个部分，一是固定工资收入，这占收入的大部分；二是企业分红；三是根据个人、集体或企业的绩效获得的奖金。同时，在市场社会化社会主义模式中也允许存在一些以家庭为单位的私人企业和合作企业，但是它们的数量、规模和范围都非常有限。

---

❶ ELSON D. Market socialism or socialization of the market[J]. New left review，1988.

❷ ELSON D. Market socializing not market socialism[J]. Socialist register，2009，36：36.

(3) 社会分配的公平和公正。迪安·埃尔森认为，亚克力·诺夫的市场社会主义模式只注重对生产的社会和物质关系进行改造，忽视了交换、分配和消费关系的改变。为了在市场社会化的社会主义模式中充分体现公正的原则，迪安·埃尔森提出了一系列社会保障措施。一是强调劳动力和家庭的重要性，赋予劳动者个人家庭同资本家企业平等的地位。二是对工资的标准做出了明确规定，专门设立了一个工资委员会来负责制定基本工资和加价工资，并要求该委员会在制定工资时，必须把从（民主选举产生的）总统到一般体力工人在内的工资都要考虑进去。三是维护工人阶级的利益，企业监督局在工人失业时提供基本工资，提供再就业培训和再就业信息。

2.2.3.2　弗莱德·布洛克的"没有阶级权力的资本主义"的市场社会主义分配方案

1993 年，弗莱德·布洛克❶在法国《当代马克思》杂志上发表了《没有阶级权力的资本主义》，系统地阐述了"剥夺金融资本权力"的资本主义结构改革理论，以及建立一种平等民主的新社会模式的主张，称自己的模式为"没有阶级权力的资本主义"，强调了金融制度的结构性改革对实现经济平等和政治平等的重要性。

（1）在生产资料的私有制下，实行民主的企业管理制度。弗莱德·布洛克允许继续实行生产资料的私有制度，但主张对资本主义企业进行改造，通过重组企业的董事会从而使企业由专制转向民主，使其代表各部分选民。私人对集体联合财产的控制程度将被大大降低，企业将在国家权力的协调下，由股东、企业人员和用户三方共同管理；同时令所有的企业都以联合的方式组成，雇员和财产所有人各占董事会人员的 35%，消费者、当地公民和其他人员的代表占董事会人员的 30%，这样来削弱剥夺富有者的阶级特权，让企业为大众服务。

（2）主张银行实行国有化或准国有化。弗莱德·布洛克认为，金融资本是阻止经济向民主和集体方面转变的主要障碍，因此需要对资本主义金融制度进行结构性改革，通过各国制定的专门的法规和国际协定监督资本的运动，削弱金融资本的权力。为保证企业有效的长期的稳定发展，银行实行国有化或准国有化，

---

❶ 弗莱德·布洛克是美国社会学家，任教于加州大学戴维斯分校，同时担任《政治与社会》杂志的编委，是波兰尼有影响力的追随者。

成为半公共机构，向公共事业投资，控制资金在国际范围内流动。银行与银行之间保持彼此独立、互相竞争的关系；银行接受政府的监督；政府向这些银行提供原始资金。

（3）剥夺富有者的阶级特权，实现资源平等分配。现实社会中，阶级权力由拥有和控制绝大部分社会生产财富的人来行使，不仅宏观结构的改革远离民主议程，企业税收、环境管理等微观领域的经济措施也受到影响，这就限制了民主政治的范围，为实现平等的资源重新分配而推行措施受到阻碍，甚至个人发展的能力也受到资源条件的限制。剥夺富有者的阶级特权的首要措施就是制止富有者操控选举，通过富人和普通人一样只有一张选票、对所有政治机构提供公共资金、规定私人捐款的限额等措施，限制富人的经济控制权对民主的影响。

第 3 章
当代市场社会主义的分配目标

第 3 章 当代市场社会主义的分配目标

分配目标表明分配的依据和尺度，反映了不同社会制度的价值取向。在一定经济制度下，分配目标并不是单一的；分配目标是分配结构各个功能的载体，同时分配目标也决定了分配制度的安排。当代市场社会主义不仅是一个经济学派，也是一股政治思潮，它的最终目标还是希望能够运用市场来实现社会主义目的，在应对其他学派的经济理论诘难时，它所做的经济理论应答往往带有政治色彩，因此，当代市场社会主义分配理论的分配目标深受传统社会主义核心思想的影响，分配目标强调平等，在平等的基础上实现效率。

3.1 平等原则

3.1.1 平等原则的渊源

当代市场社会主义的平等思想是在对东欧国家经济改革和西欧民主社会主义的反思的基础上，批判吸收多种不同平等观形成的。

当代市场社会主义平等分配原则的形成，从现实渊源上来看，主要来源于市场社会主义者对东欧社会主义分配模式和西方的民主社会主义分配模式在解决平等问题上的反思。东欧社会主义模式以高度集中的计划体制为特点，集中性的财政资金由国家统一支配，经济缺乏活力，收入在较低水平上平均分配，个人贡献在分配激励中被忽视;分配中出现了平均主义倾向,同时少数官僚特权阶层垄断了政治资源、经济资源和社会资源。西欧福利国家的分配方式是在保持生产资料私有制的基础上,通过扩大公共部门和推行福利国家政策,来改造和纠正市场经济运行所产生的种种不公正的社会政治经济后果,以争取较大的社会平等。但随着社会福利水平的不断提高,国家的经济负担越来越重,市场的自我调控能力遭到破坏,市场对企业的激励以及企业家自我责任感日益减少,政府对社会福利体系的控制能力逐渐变弱。而且西欧民主社会主义国家福利平等分配制度的实施在客观上助长了人们的懒惰行为,严重影响了经济效率的提高。当代市场社会主义设计其分配原则的时候,吸取了两者在实践上的教训,避免平均主义倾向,同时也注重经济效率的提高。

当代市场社会主义的平等思想主要来自对马克思主义的平等观、自由主义的平等观、罗尔斯正义论中的平等倾向的批判性继承。对公平、平等目标的追求是社会主义者的一贯主张,马克思认为,资本主义的平等只是"平等地剥削劳动力"[1]传统社会主义者主张收入和财富的平等,这种平等强调结果状态上的平等。市场社会主义的平等思想虽然不同于马克思主义的平等观,侧重竞争起点的平等,但是将平等置于公有制的前提之上,二者是一致的。市场社会主义借鉴了马克思主义的平等观,并试图在市场基础上进行制度设计以纠正分配中的不平等。自由主义者强调自由和个人权利,私有财产神圣不可侵犯,因为剥夺一些人的东西给另一些人的结果平等是自由主义者无法接受的。他们认可,市场自由分配的公正性,认为一切人有权得到的唯一平等就是起点公平、过程公平。当代市场社会主义者吸收了自由主义市场分配的观点,认为"自由主义著作中亲市场的观点本身有很强的说服力,值得社会主义者信服……认清自由主义的错误见解的同时,也要接受其关于市场优点的观点,致力于一种真正的市场经济的社会主义理论"[2]。罗尔斯的正义原则强调权利自由原则,承认社会和经济的不平等,但这种不平等存在的前提是最大限度地改善处境最差者地位和机会平等。

---

[1] 恩格斯,马克思. 马克思恩格斯全集:第23卷[M]. 北京:人民出版社,1972:324.

[2] MILLER D. Market, state, and community: theoretical foundations of market socialism[M]. New York: Oxford University Press, 2002:7.

3.1.2 当代市场社会主义分配理论中平等的内涵

平等是一个简单而又复杂的概念。政治学家萨托利认为:"平等可以用非常实在的方法加以简单化的表述,但也可以用高度复杂、无从琢磨的方法加以表述。一方面,平等表达了相同性的概念;另一方面,平等又包含着公正。两个或更多的人或客体,只要在某些或所有方面处于同样的、相同的或相似的状态,那就可以说他(它)们是平等的。"❶ 在分配中,平等往往指人们对资源占有的相同性(数量上的均等或质量上的同质性)。但是在当代市场社会主义分配理论中,平等不仅是指对资源等量等质的分配,同时也承认分配结果的差异性,包含公正之义,即公平的平等。在这个层面上,平等分配同公平分配具有相同的意义。

3.1.2.1 起点平等

萨托利将机会平等分为平等的获取和平等的起点。起点平等才是实质的机会平等。由于实现平等利用的手段与使起始条件平等化的手段相比,其难度要无限的小,而且利用机会的开放无须再分配,平等起点则需要代价也小得多。平等利用只是形式上的机会平等。正是由于这一点,市场社会主义者所倡导的起点平等与自由主义者提倡的起点平等并不相同,自由主义者所指的起点平等仍然是形式上的机会平等。

雷蒙德·普兰特❷认为,市场社会主义目标所要求的是起点上的较大平等,即"人们应该在尽可能公平的条件下进入市场"❸。人们平等地进入市场,一开始便享有平等而不是在结果上才享有平等。持该观点的市场社会主义者是从"起跑线原则"来关注人们以有效的方式进入市场并应当拥有资源问题的。正如普兰特所指出,市场社会主义目标所要求的就是起点的较大平等,即人们平等地进入市场;人们应当一开始便享有平等,而不是在结果上才享有平等。人们带着不同资源(能力、智商、收入和财富等方面不同的资源)进入市场,一部分人带着有利条件进入市场,另一部分人带着不利的条件进入市场。天资和培养个人才能的良好家境对个人能力及其在市场中的有效行为能力的发展,是非常重要的,但智

---

❶ 萨托利. 民主新论 [M]. 冯克利,阎克文,译. 上海:上海人民出版社,2009.
❷ 雷蒙德·普兰特(1943—),伦敦大学国王学院教授,英国工党成员。
❸ 普兰特. 社会主义、市场、目的的状态 [A];埃斯特林,格兰德. 市场社会主义 [M]. 邓正来,徐泽荣,景跃进,等译. 北京:经济日报出版社,1993:71.

商、能力等资源很大程度上取决于先天条件和家庭出身等因素，这些因素往往是个人无法选择的。在这种情况下，普兰特认为，应该对那些准备进入市场而自身又存在着不利条件的人进行补偿，以便使他们在尽可能公平的条件下进入市场。为了实现起点平等，阿贝尔在其"公平的市场社会主义"框架中提出了"平等的积极自由"概念，即人的能力平等。具体来说，就是人人于生产关系中具备大致平等的能力，如果一个人在物质能力或者知识能力方面比一般人低，他就应当获得诸如教育或物质资产等其他资源的"补偿"，这意味着在教育培训方面应当给予能力较差者更多帮助。阿贝尔的社会主义政策对机会平等采取的是较为激进的态度，认为公有制是指"平等地分配公正的起点能力，弱化财产权利，并相应地增加劳动者的权利"❶，国有化对于社会主义的效率和社会公正而言是必不可少的，但公平分配不是由公有制来实现的，公平分配最终是要以消费领域中积极自由的实现来达到。

3.1.2.2 机会平等

约翰·罗默将机会平等与责任和自由等基础价值观相联系，平等实现行为问题上，机会平等与结果平等相对应。约翰·罗默在《机会平等》（*Equality of Opportunity*）一书中，将机会平等的内涵概括为两点："公平竞争环境"和"非歧视原则"。这两层含义前后相随地对社会行为进行约束，保证每个社会成员都能获得公平的对待：社会在个人成长过程中创造公平的竞争环境，让所有具有相应潜能的个人都有相同的资格去竞争某个职位；"非歧视原则"为社会成员提供平等公正的机会选择，个人是否获得某职位的判读标准是其是否具有相应的能力。在这两点基础上，最终的结果是个人努力程度的反映，个人努力程度不同带来的不同的结果在伦理上是可接受的，这样个人责任被涵盖在机会平等的内涵之中。约翰·罗默机会平等原则本质上是通过教育资源和工作机会的平等，赋予社会成员均等的机会通过自身的努力去争取结果平等，即平等要与责任挂钩。

3.1.2.3 收入分配平等

收入分配直接关系到平等的实现问题，是当代西方市场社会主义理论中非

---

❶ 埃斯特林，格兰德. 市场社会主义[M]. 邓正来，徐泽荣，景跃进，等译. 北京：经济日报出版社，1993：105.

常重要的问题。当代市场社会主义者在收入分配问题上继承了社会主义特点，强调收入分配平等，实行按劳分配。但他们同时也承认在当前的情况下，由于个人能力的差别，社会成员收入的绝对平等是不现实的，收入差距是不可避免的和可接受的。在当代市场社会主义众多的模式在解决收入平等分配这一问题上，对经济剩余的分配做了重点讨论，即劳动者参与企业利润分配。在经理管理型市场社会主义模式中，约翰·罗默主张预先给成年公民发放等量证券来购买企业的股票，公民终身获得持股收入。国家银行收取企业缴纳的贷款利息和从同族的公司中获得持股收入，二者合起来是其总收入，这部分收入将会上缴国库，用于公共产品投资。在劳动者管理型市场社会主义模式中，约翰·施韦卡特主张通过民主的方式分配企业利润，社会占有生产资料，企业实行自治，由工人自己决定生产方案和利润分配等问题。

3.1.2.4 社会平等

戴维·米勒认为，市场社会主义追求的平等目标不仅是经济上的平等，更是社会平等。戴维·米勒将社会平等的含义归纳为两个方面：第一，是机会的平等，这一点同约翰·罗默的观点相似，每个人都有成就自己的平等机会；第二，是社会地位的平等。"社会平等最好被理解为平等的社会地位，社会平等是无阶级社会的理想。这两种关于社会平等的不同表达公式是指这样一种理想的社会，在这个社会里，人民平等地对待彼此，不以垂直的阶级关系区分彼此。与这种平等的理想社会相对照的是一个等级制的社会，在那里，人们把自己划分在特定阶层之内；在那里，人们彼此之间的关系是建立在认为其他人是高贵的、低下的和同等的这种基础上。"❶

综上所述，当代市场社会主义者所倡导的真正可行的平等原则是在"起跑线"上提供的，而不仅仅是通过税收等政策杠杆来事后满足结果的平等。资本主义不仅加剧了收入不平等程度，而且它的高收入者买通了所有特权的路径——政治影响、在工作上对别人的统治、教育、健康等。假如市场社会主义能够使这些好的路径平等，而且，假如不存在贫困，那么任何保持着的收入不平等将是毫无

---

❶ BARDHAN P K, ROEMER J E. Market socialism: the current debate[M]. New York: Oxford University Press, 1993: 299.

意义的。市场社会主义消灭了资本私人所有制，消灭了资本所有权收入，同时，工人在合作社内对收入分配进行民主决定，因而这就不会产生更大的经济收入差距。在此基础上，人们也就能追求更大范围内的平等，即"复合平等"——资本的平等、竞争起点的平等、社会地位的平等、权利的平等和受教育的平等，等等。在真正实现平等方面，市场社会主义比资本主义和官僚"国家社会主义"具有优越性。

3.1.3 由结果平等到起点平等的转变

福利平等是结果平等分配原则的具体表现形式，福利平等强调政府在实现个人福利上的责任，以此来保证每个人都获得同等福利。市场社会主义者最初较多地受到马克思主义的影响，认同马克思的剥削理论，所以，在实现社会平等的财产安排问题上，常常以结果或福利平等的分配方式来确定其平等主义的基本含义。

3.1.3.1 福利平等的理论及其局限性

福利经济学将福利定义为个人对生活的幸福满意程度。福利平等的基本理论内涵强调"人们应该拥有同等程度的福利。也就是说，只要每个人对社会资源的分配在感受上达到相同的福利水平，那就是平等待人的分配"[1]。福利平等强调政府在实现个人福利上的责任。

市场社会主义者最初的平等理论深受福利平等的影响。作为一个平等主义者，约翰·罗默最初深受马克思的思想影响，认为剥削是社会不平等的最直接表征。所以，他试图从剥削找出社会不平等的根源，提出自己的平等理论。约翰·罗默分析了剥削的表象及其成因，最终得出以下基本结论：①剥削源自初始有形资本的不平等分配，劳动和市场都不是剥削产生的根本原因；②并非所有的剥削都应该被道德谴责，有些剥削是社会必要的，其存在有历史必然性；③社会主义也存在剥削，包括技能剥削和地位剥削。显然，这些结论没有让约翰·罗默在剥削身上找到构建平等目标的理论支点，但是帮助他看清了不平等与社会财产权之

---

[1] 董玉荣，董磊磊．德沃金对福利平等的批判及其新发展 [J]．前沿，2011（1）．

间的关联。因此，在实现社会平等的财产安排问题上，约翰·罗默提出了以帕累托最优为总要求，以尊重公共所有制和限制自我所有制为依托的折中方案，以结果或福利平等的分配方式来确定他的平等主义的基本含义。

福利平等虽然注重社会整体福利的增加，但在衡量、判断个体福利的差异性上存在自身的缺陷。福利平等强调政府应当平等对待每一个人，人人终生享有同等财富，但忽略了个人责任，缺少对基于个人自愿选择所造成的福利不平等结果的考虑。现实中的福利国家之所以被抱怨，根本原因是强调结果平等的政策最终伤害了社会的激励，它也无法保证每个社会成员对自己的行为负责。而且，福利平等不可能实现完全平等待人的资源分配。发展一个大量重新分配财富的福利国家的关键不是不分种族和文化的同质性本身，而是所面临的风险的同质性。

3.1.3.2 机会平等的提出及发展

20 世纪 80 年代后，西方福利国家的平均主义受到了广大民众的质疑，人们对基于结果平等的国家福利政策并不满意。人们指责"现代福利国家已成为'保姆国家'，它致力于照顾好自己的公民——满足他们的需求、对他们所有的主要损害进行赔偿、减少他们的个人责任以让他们生活得更好"❶。"结果平等"不能保证个人为自己的轻率行为负责，人们可能会逃避责任，贬低其享受的福利的价值或者主观地抬高他人所享受的福利结果的价值。这种转变最为典型的代表是约翰·罗默。

随着罗尔斯《正义论》的发表，当代政治哲学的基本问题由自由变为平等。在这一批学者中，美国法理学家德沃金（Ronald Dworkin）对基于结果平等的传统政治取向提出疑问，如果一个人是平等的，那么他追求的这个平等应该是什么，是福利还是资源？他认为，平等的福利是不受欢迎的，因为这样做将不能保证个人对自己的行为负责，因此，平等主义应该提倡平等化资源，而不是结果，资源的平等也就是起点的平等。德沃金对资源的定义是广泛的，不仅包括可转让的货物和财富，还包括人才。在《机会平等》一书中，约翰·罗默认为，德沃金的贡献在于将责任原则寓于平等原则之中。在德沃金的理论中，个人必须对自己的偏好负责，并且将起点平等前提下的结果不平等归因于个人选择等主观因

---

❶ ROEMER E. Equality and responsibility[J]. European economic review, 1995: 3-16.

素，所以个人应该承担后果。德沃金的理论也受到了一些学者的批判。柯亨（G. A. Cohen）认为，基于道德目的、在偏好和资源之间进行区别的"德沃金切割"（Dworkin's cut）❶是错误的区分方式。阿内森（Richard Arneson）建议把平等物当作福利的问题上是正确的，但是以平等物来取代"资源"却是错误的。阿内森试图制订替代方案，但并没有成功提出一个可行的方案以明确福利机会均等的范畴。

约翰·罗默在其一般剥削理论之后提出了自己的以财产公平分配为基础、以收入或福利平等为目标的平等理论，并通过社会选择理论的方法建立了其平等的经济结构模型假设。20世纪90年代起，随着约翰·罗默学术研究从剥削理论到平等主义的政治哲学的转移，他自己渐渐地发现，上述平等理论已经无法充分有效地解释社会现象。经过多年的研究，他发现当今资本主义社会的不公正已经不能再简单归因为是否存在剥削，公民个人能力的不平等及由此导致的机会的不平等才是社会不平等的根源。约翰·罗默认为，当前资本主义没有给人们提供平等的机会，而"正义要求机会平等"。❷由于不可能对现实资本主义的社会财产进行公平均分，而现实的社会主义公有制在执行中也存在诸多问题，因此，要实现以个人收入平等为目标的社会平等，仅仅依靠此前提出的福利平等理论显然已经无法适应时代的发展。约翰·罗默由此认为，应该构建一种更高的理论框架。

约翰·罗默同意马克思关于资本主义原始积累的非正义性，并对一些为剥削进行辩护的理由进行了辩驳。同时他也看到，剥削因资产的可继承性可以实现代际传递，从而延续了社会的不平等。但是这种延续到底能进行到何种程度是一个很难判断的问题。而随着资本主义法律地不断健全，此后出现的资本家已经很难通过原有的掠夺等方式获取不义之财，因此，其资本积累未必就是非正义的。就当今社会而言，现实的资本家的原始资本积累的正义性显然不能再以马克思时代的标准作为唯一的标准来判断。在现代社会中，以劳动而不是非以资本来获得其所得的新生代富豪占多数，如电影或体育明星、职业经理人等；劳动收入对贫富差距的影响大于资本收入。约翰·罗默引用了皮克蒂（Piketty）和萨埃斯（Saez）

---

❶ 德沃金在《平等是什么》一文中将一个人的偏好与其所拥有的资源区分开来，这种资源是个人无法选择的自然资质。他认为平等在道德上吸引人之处在于将资源在个体之间进行均等分配，但是不同偏好下的选择会使分配的结果产生差异，因此人应该对其个人偏好负责。

❷ 段忠桥. 社会主义及其未来——约翰·罗默访谈录[J]. 马克思主义与现实，2002：01.

的数据❶，1916—2000年，美国0.1%最富有家庭的收入结构中，资本收入呈递减趋势、劳动收入不断增加，劳动收入间逐渐成为主要收入。约翰·罗默认为"马克思主义关于资本主义的非正义的观点是基于一组历史上不具逻辑必然性的环境，即基于资本的'原始积累'是以不道德的方式进行的这一事实。马克思写作《资本论》第一卷第三部分就是要证明资本主义是非正义的。但如果资本的积累是以不那么肮脏的方式进行的，比如说，是以比尔·盖茨的方式进行的，那又会怎么样呢？为了理解资本的私人积累的制度是否是非正义的，即使它是基于辛苦劳动而不是基于抢劫和掠夺，我转向了当代政治哲学"❷。1993年起，约翰·罗默致力于构建数学模型来提供一个科学化的解决方案，计算在给定的环境下，何种机会平等政策可以建构。同时，约翰·罗默还从以下三个方面详细阐述了机会平等原则：第一，社会主义者需要一种社会组织，这种社会组织在不低于任何其他社会组织达到的使每个人自我实现机会平等的水平上，使自我实现的机会平等；第二，要求社会主义选择那些最大限度地提高政治影响的机会平等程度的社会组织，社会主义应该超过一切可能存在的社会组织，最大限度地提高自我实现的机会平等，把这种能够达到的水平作为全体人民的平等水平；第三，在社会地位方面也要追求最大限度的机会平等。综上分析，约翰·罗默的机会平等理念与前阶段的福利平等理念发生的巨大变化，从"结果平等"变成了"起点平等"，而且起点平等也不是简单的国民经济中的初次分配平等，而是将初次分配的平等纳入到一个更为宽泛的外延之中。

3.2 寻找平等和效率的均衡点

效率问题是西方市场社会主义者讨论较多的问题，也是最能引起批评家们

---

❶ 美国国家经济研究局于2006年发布《高收入的演变：一个历史和国际的角度》（*The Evolution of Top Incomes: A Historical and International Perspective*），该文以图表的形式展现了自1916年至2000年美国0.1%最富有家庭的收入结构变化：资本收入呈递减趋势，而劳动收入不断增加，并于1996年至2000年逐渐成为主要收入。

❷ 段忠桥. 社会主义及其未来——约翰·罗默访谈录[J]. 马克思主义与现实，2002：1.

对市场社会主义理论发起诘难的地方。当代西方市场社会主义者认为,追求效率并非一定要牺牲公平,而公平的取得也不是以丧失效率为代价的,在本质上,效率与公平是不矛盾的。当代西方市场社会主义就是要实现效率与公平的统一。

3.2.1 当代市场社会主义的分配效率

效率是经济学范畴,是指产出和投入之间的比例关系,即资源配置合理和充分利用所带来的社会资源的投入产出比率高,即以最小的投入获得最大的产出。本书对效率的论述主要集中在对分配效率概念的探讨。新古典经济学家主要将产品在消费者之间的分配作为资源配置的情形来对待,因此,配置效率,即产品在生产者和消费者之间有效率的分配。分配理论是一个具体的历史的相对性的范畴,在经济、政治和伦理等不同角度有不同意义。分配理论的内涵不同,分配效率也具有不同层次的含义。

3.2.1.1 经济分配效率

经济效率理论是西方市场社会主义的基本内容,是其为社会主义公有制经济辩护的理论支柱。经济分配效率是指在经济活动之前,公民是否有同等的机会支配社会稀缺资源,经济活动中的竞争过程是否平等,以及经济活动之后所有人的贡献是否有同等的效用。市场社会主义引进市场的目的是从追求效率开始的。苏联中央计划的失败、市场化的全球取向使当代市场社会主义者更加坚定地把其理论模型建立在市场经济的基础上,试图在利用市场方面为社会主义寻找新的发展途径。社会主义就是要克服资本主义的无政府状态,用自觉的计划代替市场的盲目调节,克服资源的滥用和资本主义的周期性危机。

当代市场社会主义者倡导市场分配效率,这一点是与传统社会主义区别最大的地方。进入20世纪80年代,新古典经济学就稀缺资源如何在多种经济用途之间进行合理配置进行了深入探讨,市场社会主义理论面临着新的挑战。在这一背景下,当代市场社会主义者从激励问题和信息发现问题这两个方面展开,来论证如何实现经济领域的分配效率。

激励问题在经济领域具体表现为委托—代理关系的处理。约翰·罗默认为,苏联模式的集权计划经济之所以失败,是因为没有解决好三个方面的委托—代理问题：企业经理与工人之间、计划者与企业经理之间、公众与计划者之间的代理问题。然而，现代资本主义经济也同样存在这三个方面的问题：企业经理和工人之间、股东和经理关系之间、公众和股东关系之间的代理问题。所以，现代资本主义的发展状况表明，单纯实行私有制本身并不能解决问题，公有制经济如果制度设计得当，是有能力解决它们的。在宏观分配中，国家同企业制定某种适宜的契约关系或为企业创造公平的竞争环境，引导企业在追求自身利益的同时，也最大限度地为社会经济效率做贡献。有效的信息发现能充分确保人们对于信息所做出的反应是公民以同等的机会支配社会稀缺资源的保障，是经济活动中的竞争过程平等的前提。

3.2.1.2　政治分配效率

政治分配效率主要是指社会群体中的一切人是否具有平等的政治地位和社会地位，在政治活动中能否有效的行使权力、履行义务，即政治地位是否平等和政治资源是否公平分配。

政治分配效率是经济分配效率的保证。如果说在经济活动中分配效率体现效率的平等，激励措施允许一定程度的差异存在，那么在政治资源的分配中，这种平等是不允许差异化存在的。在现实政治政治生活中，由于个人能力的不同，对政治资源利用的程度以及权利实现的程度也会不同，因此，社会应该平等地提供教育、医疗等社会资源，以培养个人的基本能力。政治资源的公平分配是社会民主存在的前提。只有公民掌握等量的政治资源，才能真正将公民权落到实处，公民才能够有效地参与民主决策。

3.2.1.3　伦理分配效率

伦理意义上的分配效率是指人人平等地享有社会基本价值，如尊严、自由和发展机会等。这种平等是人们与生俱来的，是靠人们的自觉行动来维护的。人们内心深处所形成的平等观是维持伦理意义上分配效率的心理基础。伦理意义上的分配效率是经济分配效率和政治分配效率的基础。

3.2.2 分配效率激励体系

批评家列举了市场社会主义模式可能的种种缺陷和痼弊，如缺乏企业管理的约束机制、资本供应不足、资本投资低效率、缺乏工人约束机制、对需求反应迟缓及缺乏企业创新机制和企业家精神等激励问题。

因此，当代市场社会主义者在之后的理论探讨中，不再是将经济效率问题归结为静态的计算和既定经济资源的配置，而是注重动态的激励和信息发现及运用，其具体表现形式就是现代经济学的委托—代理问题和企业家行为问题。以此为前提，他们设计了解决这些问题的几种模式。

3.2.2.1 以金融机构为中心的激励监督模式

在银行为中心的激励监督模式中，具有代表性的模式有巴德汉以银行为中心的市场社会主义、约翰·罗默"虚拟证券市场的社会主义"和詹姆斯·扬克"实用市场社会主义"。这类模式主要是模仿日本战后形成的簇系内私人公司共同控股、以主银行为中心的公司群组模式。概括起来，巴德汉的具体方案如下：企业采取联合股份公司的形式，为公共所有；公司的资金来源于本簇的银行；一个公司的股票主要由其所属簇群内的其他企业和主银行持有，剩余小部分由内部的工人持有；还有一些股票可由簇外公司、其他金融机构、退休基金和地方政府等机构持有。负责监督的企业一般也是相对没有联系的企业。这种安排是为了严格限制公共所有局成员在竞争的企业间组织或鼓励串通共谋行为。另外，中央机构还制定和实施合理的规范来监督其代理人的行为，以保证代理人严格执行自己的职能。

约翰·罗默在巴德汉模式的基础上对其理论进行了发展。以证券的形式来实现公民对社会财富的共同占有，并据此分享企业利润，达到分配上的社会平等：将息票平均分配给所有成年公民，赋予每个人基本上平等的向每一个规模较大的企业要求分享利润的权利，建立起共同基金，每一共同基金拥有相同的关于所有较大规模企业的投资组合，分配给公民的凭单赋予他们对每一共同基金之收入的平等分享权利。同时，又保留了利润最大化原则、经理管理企业、银行和股票市场等发达资本主义的成功的微观制度安排，以保证资源配置的效率。证券市场约束和促使企业经理按照股东利益经营管理企业是约翰·罗默区别于巴德汉模式的主要特点，同时"虚拟证券的市场社会主义"的模式设立共同基金以解决股票市场自由交易带来的股票流入少数富者手中的问题,防止企业所有权掌握在少数人手中:公民凭息票购买共同基金的股票,再由共同基金购买企业的股票;公民拥有的息票只能用于购买股票,不能买卖交易。息票只是公民的收入来源,公民死后息票被收回国库,不能作为遗产继承。

戴维·施韦卡特在其"经济民主的市场社会主义"模式中把工人的自我管理置于这一制度的核心,设立公共银行网络控制社会投资。在经济民主的市场社会主义中,社会控制的公共银行网将投资资金贷给共同体的企业或想要开办新企业的集体。贷款实现的根据是预期效益和所创造的就业,市场的原则只是在这时起作用,而且即使在这时,它们也不是仅有的原则。

3.2.2.2 以公共机构为中心的激励模式

在詹姆斯·扬克的实用市场社会主义模式中,设立公共所有局以监督经济运行、提供激励机制。

公共所有局机构分为两级,第一级是中央机构,其职责是接受企业收入、决定企业红利分配比例、根据企业经营运作情况的好坏决定企业经理的任免。第二级是地方机构,由一批代理人组成,每个代理人负责监督几个公共企业,监督所管企业经营状况,不对企业进行具体的业务指导。中央机构从宏观上调控、监督和激励企业,行使具体职能的则是地方代理人。企业经理的任免权是由其分散的地方代理人来直接行使,以便企业的充分竞争。为保证公有企业的投资资金和发挥企业家作用,设立国家投资银行系统和企业家投资委员会作为公共所有局的补充机构,负责将政府的投资预算款项拨付给企业领域、建立企业家经营的企业,以保证经济创新机制发挥作用。

在以银行为中心的市场社会主义模式中,政府机构在监督和激励方面都发挥着重要作用。虽然在这些模式中,具体细节设计较多,其现实可行性及可操作性需要认真论证,如政府或公共所有局如何保证不会蜕变为集权的官僚机构,如何区分开自己正常的经济职能和过分的干预行为,如何准确制定衡量企业经理工作绩效的标准等。

在戴维·米勒设计的"合作制的市场社会主义"模式中,占主导地位的生产企业是工人合作社,合作社的启动资金来自国家设立的公共投资机构。公共投资机构掌握着全部资金,各企业可以从中借贷资金进行经营。公共投资机构有权决定哪些项目予以支持及收取多少利息。合作社以市场销售产品的收入支付工人的工资。合作社实行工人民主管理，自行决定生产、收入分配、投资等问题。在市场社会主义条件下，工人的收入完全取决于他的合作社的经济效益。

3.2.3 当代市场社会主义分配理论中平等与效率关系的协调和选择

基于资源的有效配置，市场是社会主义的必然选择。公平不等于平等，对于社会分配来讲，平等接近均等，公平接近于公正，效率是与平等相对应的概念，而不是与公平相对应的概念，以效率为准则的分配方式也可以是公平的。

所有的传统社会主义者反对市场社会主义者的严厉苛责，双方的对立和矛盾由此产生，这种对立不仅在于经济观点，而且包含了理想信念和社会政治主张。对立的具体内容可以用两个主题词来概括，平等与效率。在传统社会主义者看来，市场经济是资本主义的属性，市场经济不仅没有效率，而且有了市场就不可能实现平等和公平。市场社会主义者则希望在市场经济中实现他们从传统社会中继承下来的价值目标，效率、平等与公平。

3.2.3.1 效率与平等并非矛盾的两极

与自由主义强调平等会妨碍有效的生产激励机制不同，当代市场社会主义者认为，效率与平等从根本上说是不矛盾的。现实中，平等与效率的矛盾是由资本主义制度造成的，分配的不平等正是当前资本主义经济社会体制不足带来的。

在效率和公平的结合上，当代西方市场社会主义认为，自身的理论比市场资本主义和社会主义计划经济都优越。市场资本主义有效率但不平等，计划社会主义有平等但无效率。当代西方市场社会主义的优越性在于把效率和平等有机地结合起来。正如约翰·罗默在《社会主义的未来》开篇中所写："我这本小册子的任务，是提出和捍卫一种把市场体制的力量和社会主义的力量结合起来的新模式。这种新模式既要考虑效率又要考虑平等。"[1]

当代市场社会主义把市场与社会主义结合起来，在分配中既要发挥市场效率的长处，又要追求社会主义的基本价值：坚持公有制作为争取公平的基础；尽

---

[1] 罗默. 社会主义的未来 [M]. 2版. 张金鉴, 徐崇温, 余文烈, 等译. 重庆：重庆出版社, 2011：2.

可能公平的收入分配；优化企业制度，兼以种种保障措施的运行机制，企业利润公平分配、企业竞争、企业自治、银行监督等以保障不低于资本主义的经济效率。

（1）坚持公有制作为平等的基础。资本占有的不平等是造成不公平现象的根源，这种不平等也会带来以牺牲公共利益为代价追求私人利益相关的整体经济效率的损失。资本的社会化和分散化，能够防止资本主义社会里那种资本所有权高度集中而左右整个社会经济的现象的发生，同时由于经济权力的分散减少了强大的私人利益与政府权力相互勾结串通的可能性而带来效率。

（2）尽可能公平的收入分配。当代市场社会主义强调起点平等，主张在分配制度上以劳动作为收入的依据，还通过税收、限制继承额等国家干预实现公平。较大程度的收入分配公平可以促进效率。社会收入分配公平程度的提高降低了政府在分配结果上的政策冲突，缓和了政治性矛盾，促使政府更多地去努力提高整体的经济增长和经济效率。

（3）优化企业制度。从企业管理体制来看，工人自治可以激发效率，同时重构企业微观治理结构，可以激励企业追求利润最大化。在当代市场社会主义理论中，工人自治有利于公平的实现，还有助于刺激工人努力工作和发明创新。

市场社会主义以较大程度的总体收入平等分配带来效率。通过共同基金股票市场制度的确立达到的资本收入社会化，使民主自治的市场社会主义比资本主义经济有更大程度的公平。较少的社会收入不平等也会降低政府在分配结果上的政策冲突，缓和政治性矛盾，促使政府更多地去努力提高整体的经济增长和经济效率。工人的自治有利于刺激工人努力工作和发明创新，有助于企业效率的提高。虽然在资本主义企业中也有工人参与管理，但在市场社会主义的工人自治制度中，工人对企业的民主控制及对企业收入的平等要求的制度化，在带来效率方面较资本主义企业具有更大的优势。

3.2.3.2　效率与平等关系中的"平等优先"原则

鉴于当代西方发达国家重效率甚于公平的现实体制，当代市场社会主义者把强调的重点放在公平而不是效率上。效率固然重要，也是市场社会主义的基本价值，但平等是社会主义核心价值，社会主义始终与平等相联系。

（1）强调平等优先于效率是对社会主义本质特征的定位。"强调效率甚于平等，就难以划清社会主义与资本主义之间的界限。"❶ 因为强调效率是资本主义的特征，不是社会主义的特征，人类历史中最有经济效率的制度恰恰是资本主义制度。同时，把社会主义的本质特征归结为生产资料的公有制是片面的，但为了纠正这种片面性而提出效率是社会主义最主要的价值也是不对的。安东尼·克罗斯兰特所说的这段话更好地说明了公平对于社会主义的意义和公平是社会主义思想的实质："社会主义者寻求报酬、地位、特权的平等分配，以便最大限度地减少社会的不满，保证人与人之间的公正，使机会均等；他们也致力于减小现存的社会分化。对社会公平的信仰是迄今为止社会主义最重要的特征。"❷ 当代市场社会主义者在构建其分配模式时都把公平放在了首位。约翰·罗默关注教育机会的平等，戴维·米勒提出初次收入分配上较大程度的平等，普兰特认为人们应当一开始便享受平等，而不是最终才享有平等。

（2）市场资本主义有效率但不公平。当代市场社会主义理论家大多生活在西方发达的资本主义国家，他们目睹当代发达资本主义国家的经济飞速发展的同时，也亲身体会到当代资本主义国家的种种不公平。市场经济在资本主义条件下取得了完备形态，对生产力起到很大促进作用，因而有较高的经济效率。但是，资本主义私有制导致了剥削和贫富两极分化的严重不公平。在目前发达的资本主义国家，经济效率问题已经处理得非常好，而缺乏的正是平等。

3.3 实现平等与效率的民主制度

为了有效实现平等与效率的协调，当代市场社会主义从经济民主和政治民主两个方面进行制度构建。

---

❶ YUNCKER J A. Post-Lange market socialism: an evaluation of profit-oriented proposals[J]. Journal of economic issues, 1995, 29（3）: 683-717.

❷ 俞可平. 全球化时代的"社会主义"——90 年代以来西方社会主义研究述评[J]. 马克思主义与现实, 1998.

3.3.1 经济民主的内涵及作用

3.3.1.1 合作经济的参与式民主

市场社会主义者并不是最早对民主化形式的劳动管理做出阐述的学者,西方的政治理论家一直对民主思想有着浓厚的兴趣。20 世纪末,以达尔、凯洛尔·古尔德为代表的西方理论学家提出,经济生活急需民主化,而且经济领域为一种新型的更具参与性的民主生活提供了最为广泛的机会。

达尔在 1985 年发表的《经济民主序言》中,对自治企业作了总体论述。达尔从人们拥有民主管理权的总条件入手,认为经济联合体的民主管理形式是正当的,在这种管理形式中,至少需要达成某些集体决议,且这些决议对集体的所有成员具有约束力的。这种有约束力的决议需要有被约束的人来制定。而且对于企业民主的管理的评判标准与国家民主的评判标准是类似的,都要求有自由原则,即联合体中的每一个成年人都有权利对自己的利益做最后的决定;强弱平等原则,即每个人的利益所有权都被平等的考虑;基本的公平原则,即短缺或珍贵资源应该公平分配。民主在管理国家方面是有理由的,那么它在管理经济企业方面也是有理由的。但是达尔并没有对企业的民主运作进行详细的制度设计。只是希望建立一种混合体制,其中民众拥有主权,但他们只参与宏观政策问题的决定。达尔对实行更参与性的民主将可能带来的种种经济和政治利益持谨慎态度,认为经济企业的自我管理在任何条件下只是一种权力,人们不能根据其有价值的结果来进行判断。凯洛尔·古尔德的《民主再思考》也发展了从参与民主到自我管理形式的观点。古尔德民主总体"民主原则"的基础是平等的积极自由和互惠。在经济领域,当事人的自我权力就是工人自我管理的权力。在这种工人自我管理条件下,企业的工人有权共同决定生产的计划和组织或服务的供应问题,有权共同决定企业的收入如何分配。

同市场社会主义观点一致的是,达尔和古尔德都认为,工人自我管理企业都应该在市场经济环境中运作。同时也批判社会主义者传统上对市场的否定,并认为市场的弊端并不是市场本身的问题,而是财产的社会关系导致的,一些人控制其他人的生产活动会导致剥削的产生,但随着劳动力市场的取消,对资本所有权进行合理限制,这些问题也就不会出现了。

3.3.1.2 作为民主扩展的自我管理

戴维·施韦卡特认为，每一个生产企业都是由工作在那里的人们控制的。企业不实行平均的分配收入，在所具有可能性的大多数企业里，高级技术工人们、更高级的岗位和更重要的管理责任的人们会获得更大份额的报酬。关于这些事情的决定都将民主的做出。不满意的成员可以自由离开并重新到其他的地方寻找工作，所以平等主义的分配考虑必须同激励和保留好的工人的需要相平衡。

在一个有规模意义的企业里，管理委员会将是必需的。解决一般民主问题的一般方案是代表制。绝大多数企业将有一个选举产生的工人委员会，那里将有一个总经理或者一个高级主管，也许还有其他上层管理员们的位置。由于这不是一个由股东们选举的董事会选派管理的资本家企业，所以管理者不是随便被国家指定的或被社区选派的。

在这个层次上就出现了一个重要的问题——实现管理的责任与管理的自治两者之间的平衡。没有自治的责任就会有胆怯和麻木两种风险；没有责任的自治要冒专制的风险。管理者需要充足地自治，以便他们能有效地管理，但管理者的权力不能大到可以利用工作场所实现他们自己的利益。也可以假设，不同的企业处理这个问题时会有所不同，最成功的模式将被模仿。但无论什么样的内部结构，根本的权力仍然是企业工人们的一人一票。

尽管工人控制工作场所，但他们并不拥有生产资料，生产资料被看做社会集体财产。工人有权利去管理企业，按照他们认为合适的方法去管理资本资产，分配从资产中获取的全部纯利润。从两个方面体现出了企业的社会所有制：所有的企业必须按资本资产付税，这个税收将变为社会的投资基金。从效果上来看，是工人们从社会租用了他们使用的资本资产。企业被要求保持委托给他们的资本存量的价值。这意味着必须维持一个折旧基金。必须把钱放在一边以备补充或者再投进现有的资本库。这钱可以花在合适的改进项目上，但不可用于补充工人的收入。

如果一个企业发现自己在经济困难中，工人可以自由的重新组织其设施，或者离开它到任何地方去寻找新的工作。但是他们不能卖掉他们的资本股份并用其中所得作为个人收入。一个企业可以卖掉资本股份，并用这个收入去买另外的资本商品。或者如果企业希望收缩它的资本基础以便能降低它的税收和编制的责任，它可以卖出它的一些资产，但这种情况下卖出的所得要返回国家投资基金，而不能给工人们，因为这些资产属于整个社会；如果一个企业没有能力实现国家要求的最低单位的总收入，以及经济民主对最低工资的要求，那么它必须宣布破产，动产将被卖掉以付债务，工人必须到其他地方寻求新的就业。

在经济民主下的企业是一个共同体，不是被买卖的东西。当你加入一个企业，你就得到了全部的公民权利，就获得了同等的发言权，有平等的一票。当员工离开一个企业加入另一个企业的时候，这些权利也随之转移。同权利相伴随的是责任，这个责任就是付资本财产税并保持所使用的财产的价值。

3.3.1.3 经济民主对平等和效率的作用

在经济民主制度下也存在不平等。企业内部的不平等是因为企业需要运用经济手段得到并留住好的技术工人。尽管在这个过程中，工作场所中不存在严格的平等，但是由于民主文化的深入和工作本身被重构，收入差别将会变小。企业之间也会有不平等，因为企业间的技术水平和工作努力程度不同。但是民主制度的企业回避资本主义企业更能够体现人人平等，工作场所的民主倾向于对企业内部不平等的控制。民主对不平等总是一种限制。当管理者的收入必须有工人们来验证时，管理者就不会像上层管理人员那样自由地确定自己的工资，民主制的企业规模倾向于比资本主义企业更小，也增强了平等机会。经济民主使财富积累更难，更没有必要，不允许以钱挣钱，资产阶级积累起无数财富的方式就不可能实现。所以，经济民主制度下存在更多的平等。

经济民主区别于资本主义的另一个特点就是投资的社会控制。它可以起到降低失业率的作用，也具有阻止那些典型的资本主义固有的周期性的、衰退期的失业功能。经济民主的社会投资控制机制增强了对工作岗位的创造，在这一机制下投资银行是公共机构，随时负责盈利企业的扩大就业。

为了保持技术和经济活力，社会劳动和自然资源的配置每年都要有某种比例，以发展和执行新的技术，在需求高的方面去扩大商品生产和服务。在现代社会中，对资源最有效的配置是通过货币投资进行的，而这一投资基金来自私人储蓄和公司盈余。投资基金是经济民主模式中一种更为直接和透明的方式，资本资产税的收取构成了国家投资基金，投资基金的全部都被指定用于新的投资，这也就决定了经济民主下的经济发展不依靠私人储蓄。正是由于这种投资基金的产生是公共的不是私人的,所以他们在经济中的再配置也是公共的而非私人的。

鉴于以上,社会必须按照体现公正和效率的程序来决定经济中的再配置。戴维·施韦卡特认为,考虑公平和效率的平衡,要用市场和非市场混合的方法。第一次分配要根据公正的原则去分配集中起来的基金,然后进入竞争推进效率。

3.3.2 政治民主及实现机制

当代市场社会主义者试图通过消灭私人资本所有权的畸形政治影响,来改善代议制民主,从而实现国家民主。市场社会主义的价值目标最终还需要国家通过民主的方式来保证和实现。米勒在合作制市场社会主义中指出市场社会主义社会还需要有市场以外的制度,其中以政治制度最为首要,而这些制度将建立起新的框架,其中资源分配的不均将得到纠正。因此,当代西方市场社会主义者认为,民主控制的国家通过制订详细计划是能够有效管理经济的,而且,市场社会主义条件下的代表制民主制度将形成某种对经济管理的总的民主控制形式,这就是国家民主的表现。

3.3.2.1 协商性民主对代议制民主的发展

要实现分配的平等与效率,需要真正实现国家民主,市场社会主义的价值目标最终需要国家通过民主的方式来保证和实现。而在现有资本主义社会中实现国家民主从根本上来讲需要消灭私人资本所有权的畸形政治影响,即"要在民主制社会内实现国家的民主化,首先需要废除作为资本主义社会标志的那种权力体系。这一体系的核心是集中在大企业所有者手中和控制这些大企业的企业家手中的大量权力"[1]。戴维·米勒认为,市场社会主义社会"还需要有市场以外的制度,其中以政治制度最为首要",而"这些制度将建立起新的框架,其中资源分配的不均将得到纠正"[2]。市场社会主义条件下的代表制民主制度将形成某种对经济管理总的民主控制形式,这就是国家民主的表现。

在考察代议民主制度在捍卫企业自我管理秩序中的重要性和将工厂民主与

---

[1] 俞可平. 全球化时代的"社会主义"——90年代以来西方社会主义研究述评[J]. 马克思主义与现实,1998(2).

[2] 埃斯特林,格兰德. 市场社会主义[M]. 邓正来,等译. 北京:经济日报出版社,1993:54.

传统民主政治制度协调起来的问题时，市场社会主义并不特别关注这种较为广泛的代议制民主方案的特征。市场社会主义者对民主制度关注的主要方面体现在社会所有制的确立，将如何改变那些使制度上基本未变的代议制民主得以运作的条件。西方左翼知识分子认为，资本的经济利益支配着民主政府所代表的公众意志。市场社会主义者所极力主张废除的正是这种歪曲甚至颠覆通过代议制民主制度表达出来的公众意志的私人资本权力，并致力于矫正被私人经济利益所破坏的民主权威和自认的合理秩序。

大多数的市场社会主义者多注重为自身纲领的经济合理性进行辩护，所以常常未能超于"矫正"逻辑的民主改革议程。但约翰·罗默在其《社会主义蓝图》中，设计了较为详细的改革方案：政党通过在自己的选举纲领中纳入或多或少的具体投资计划来实现经济过程中的较为间接的集体控制。一旦当选，组成的政府在形成投资方面不是依靠必要的计划，而是通过在不同的工业领域实施不同的利率，使投资流入到预期的地方❶。约翰·罗默的方案虽具有新意，但是方案实施中也有其问题，即如何设计方案实施的条件，以及如何将其作为一种提高公众责任感的机制来运作，尤其是在当前区域经济一体化利率不稳定的情况下，政党纲领中的投资策略难以依靠利率来约束政府行为。

戴维·米勒是市场社会主义者中，比较重视市场社会主义政治。在《市场、国家和社会》中，探讨了市场社会主义国家、民主和公民权的实质。共同体意识是民主的市场社会主义在全社会层面运作的条件。但是传统市场社会主义者所幻想的公共观念过于单一，过于倡导克己奉献，不能提供一种适合发达工业社会的可行模式。只有在政治上组织起来的社会共同体才能够期望塑造自己的未来，才能在全体成员中按照需求分配资源，包括一切社会成员的共同体在现代社会中得以实现的唯一形式就是民族国家。在这种情况下，全社会范围内的共同体的唯一可行形式就是民族国家内的普遍公民权。戴维·米勒基于两种不同政治行为对协商性民主进行探讨："一种是利益集合政治，他将其等同于现存自由民主制条件下的大量消极公民和公民投票政治；另一种是对话政治，即公民通过以公共利益为取向的协商达成共识。"❷戴维·米勒的协商性民主注重积极参与，并且要求普

---

❶ ROEMER J E. Market socialism—a blueprint：how such an economy might work[J]. Dissent，1991（1）.
❷ 皮尔森. 新市场社会主义——对社会主义命运和前途的探索[M]. 姜辉，译. 北京，东方出版社，1999：222.

通公民具有较强的合理讨论能力和公共利益为取向。戴维·米勒详细探讨了市场社会主义条件下工厂之外的民主形式,包括关于协商民主的宪法方案的指导性设想。他明确指出"为了使公民权切实可行和市场有效运作,社会主义国家必须正式成立,内部有不同分工,且在规模上有限制"[1],而且这种社会主义国家必须是一个管理权力的划分明细的宪法国家。在这种宪法国家里,法律程序对简单多数主义进行规范,宪法对个人自由予以保护。以上是戴维·米勒对协商性民主的理论论述,但他并没有在具体制度构建上进行细致的探讨,只是提出民主集会应该符合协商或对话的总体模式。

3.3.2.2 经济民主对代议制民主的发展

经济民主在经济领域中使民主得到最大程度的实现,也是在政治领域中民主得以真正实现的保障。

资本主义社会实行多头政治,选民从竞选人中通过多次选举选出政治领导人,公民有权选举和反对领导人。这是资本主义社会主流民主形式,但施韦卡特并不认为这是真正的民主制度,因为在现行的制度中,公民虽然能够自由地参与到政治事务当中,有钱人能够运用财富控制民主程序,经济寡头通过控制投资维护本阶层的利益。这些特权使得现行的民主制度不能保证大多数公民的意愿得到真实的反映。正是在这种民主程序中,他认为在真正的民主制度下"全体选民都能很好地得到相关信息并积极参与,同时不受特权的少数阶级的任何阻拦"[2]。

经济民主的目标就是要维护工人民主权利和公民民主利益。在市场社会主义经济民主制度下,公民将会获得更多的民主。在工作场所中实行民主管理,生产资料的公有制瓦解了生产资料所有者所具有的绝对权威,劳动力不再是商品,工人自行进行生产决策和利润分配,工人对企业的直接管理充分体现民主权利的实现。投资的社会控制保证了社会决策的公平性和民主性。资本主义制度下,国家权力实际上是掌握在控制了大量资金和生产资料的少数富人手里,在经济民主市场社会主义模式中,社区的人口的比例是投资资金的分配的主要依据,实行投资资金分配权力的主体是国家、地区和社区,这三级层级是由民主选举出的立法

---

[1] MILLER D. Market, state, and community: theoretical foundations of market socialism[M]. New York: Oxford University Press, 2002:17.

[2] 施韦卡特. 超越资本主义[M]. 姜辉, 译. 北京: 社会科学出版社, 2006:160.

机构，具体方案由各级公共银行来执行。整个投资的运行过程避免了资本主义条件下，资本家对投资和舆论的控制，体现了决策的民主性和收益分配的公平性。经济民主不仅在经济领域中保障了每个参与者的基本权利，也清除了政治民主在实现过程所遇到的障碍，实现了社会最大限度的民主。

第4章
当代市场社会主义的分配结构

第 4 章 ◎ 当代市场社会主义的分配结构

分配结构涉及利益主体，是利益主体之间在分配过程中所结成的一定的较为稳定的联系或关系的综合。在不同的社会经济制度中，利益主体之间关系的组合方式也是不同的。不同的分配结构产生不同分配效率的分配功能。尽管当代国外市场社会主义各种模式对收入分配方案的设计各有千秋，但在国民收入的分配中普遍表现为向公民或劳动者的倾斜，社会个体拥有国民收入的大部分。

4.1　当代市场社会主义的利益主体

在分配中，社会成员与资源的关系构成了利益结构的基础，资源的配置方式决定了社会成员的利益关系。利益结构是利益在国家社会之间、国家与社会成员之间、社会成员内部之间的一种制度化分配和获取的关系。市场社会主义体制得以确立并稳定有效运行的社会结构为整合型的利益结构，在这种结构中，权力与资源分配相对均匀，社会成员共同参与公共决策和社会管理过程，社会经济发展利益为全体社会成员所共享。

4.1.1　"橄榄型"的公民社会

当代市场社会主义在强调市场发挥作用、提高效率的同时，加入了社会主义的、公平的因素。在其理论模型中把国家政策嵌入市场活动中,在加强教育、提高技术的同时,让更多的人有了重新选择的机会。社会利益结构的变迁为不同社会利益群体确定自己在社会中的角色和地位提供了多元选择,每个人都有可选择的空间,反映了权利与资源配置的对称性。

在市场社会主义制度下,市场资源和生产过程由工人直接或间接进行控制,经济资源、组织资源和社会资源的所有权、分配权被重组。重新获得了资源控制权和分配权的工人阶级不再是一个内涵单一、权利得不到保障的阶层,而是根据不同资源的占有为标准,分化出技术工人、企业管理者、工人知识分子和创业者等不同群体。而且,随着后工业社会科学技术的发展,体力劳动者占劳动人口的少数,而且比例将会越来越低。20世纪西方发达资本主义国家产业结构的调整带来就业结构的巨大变化,从事脑力劳动的白领职员增多,蓝领工人比重减少,形成了以中产阶层为主体的"橄榄型"社会结构(见图4-1)。

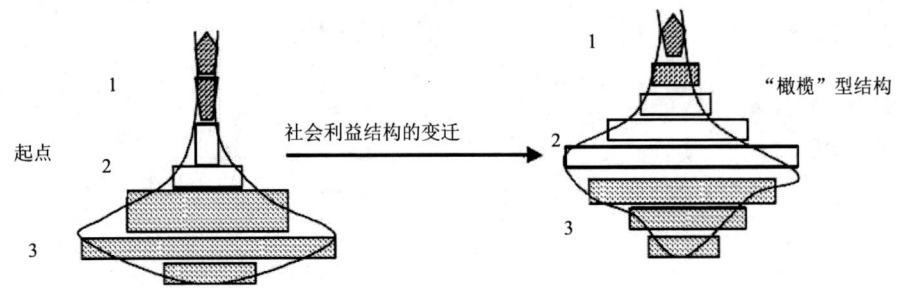

图4-1 西方发达国家社会阶层结构[1]

注:1.国家与社会管理者或资本家;2.经理、专业技术人员;3.产业工人、农业劳动者、失业和半失业者。

在这种"中间大、两头小"的社会结构中,社会财富掌握在越来越多人的手中,公民掌握的政治、经济、社会资源也就越多,资源配置趋于均衡。与资源配置均衡相对应,公民权力的行使有了更大的空间和动力,这就很好地制衡了国家权力和市场权力。

市场社会主义的社会结构与图4-1所示的结构相类似,资本的社会化使得社会群体趋于同质,公民社会成为制衡国家和市场的重要力量。在从资本社会脱胎出来的公民社会中,公民个人与团体往往具有不同偏好,但经济上的公有制和

---

[1] 杨晓猛. 从社会利益分裂走向社会利益整合的思考——两种模式的市场社会主义实践比较分析及启示[J]. 云南社会科学, 2010, 1: 68-73.

政治上的身份认同把这些不同偏好整合在一起，协调公民行动以监督限制权力机构的行为，公民在与政府不断进行的博弈中，界定国家与社会、政府与市场之间的界限。这也正是解决自由主义批判者对经济调节公共机构官僚化的方式之一，避免重新走上东欧社会主义模式集权化、官僚化的老路。公民社会作为国家和市场之间的公共领域，超越国家和市场的控制，对分配中的平等与效率的协调起到推动作用。

4.1.2 有限制的国家

较传统社会主义，国家在资源分配尤其是社会投资方面的作用被淡化，扩张和专断的国家权力被摒弃，取而代之的则是有限制的国家职能。

4.1.2.1 实行社会所有制，坚持国家干预

当代市场社会主义无一不强调市场的作用，并认为社会主义的市场化可带来更高程度的民主。在市场社会主义社会中"国家将放弃自己作为生产资料的（公共）所有者和经济领域强制计划的直接指导者的经济作用，其作为雇主及商品和服务的提供者的作用也被大大降低，选择的范围将得到扩大"❶。

在国家干预意义上，国家承担着多重角色。国家不仅是一个经济的监管者，而且还是实际的所有者，国家所掌握的企业除了同其他私营企业一样承担纳税责任以外，公共企业的企业利润还有一部分用于公共事务，如国防、财政赤字支出等。公共企业的目标不仅是保持盈利，而且在劳动保障、收入保障等方面担负有更重要的社会责任。

4.1.2.2 采用市场机制，限制国家权力

在经典马克思主义理论中，社会主义社会没有商品交换是不存在市场的，但是东欧的社会主义实践证明，在没有市场机制运作的政治经济体系中，会滋生出庞大、臃肿的国家机构，形成垄断的官僚特权阶层。当国家认为某一行业公共企业具有关键作用，它往往可能会牺牲其他企业的利益，通过增加投资、低息贷

---

❶ 皮尔森. 新市场社会主义——对社会主义命运和前途的探索[M]. 姜辉, 译. 北京：东方出版社, 1999：233.

款、政府购买等方式支持该企业的发展，甚至当企业出现亏损时，国家通过各类补贴进行干预。这种行为包含两个问题，一是这种干预方式在本质上是反市场机制的；二是如何对企业的这种"关键作用"进行准确定性。因此，由于国家既是经济代理人又是实际所有者，国家实施干预时，很容易出现权力扩大化。所以，需要市场机制对国家权力进行限制。戴维•米勒认为，基于市场的巨大作用，国家只需实施经济调节功能，不能直接计划经济产出，但它通过确定生产参数间接地调控经济，从而弥补市场机制的缺陷，以达到经济服从广泛的平等目的。而且，国家不能在企业之间自行分配资本，国家也不能直接干预企业，而是要通过市场中的价格进行调控。

公民社会也可以对国家职能进行有效的限制。正如上文所述，公民社会在与政府不断进行的博弈中，界定国家与社会、政府与市场之间的界限。市场通过对经济权力的分散，实现决策体系的多层次化，以保障合理的资源配置。

在限制国家作用的程度上，市场社会主义这内部也有不同看法。尤里安•勒•格兰德主张对国家权力进行较为彻底的限制，他主张在福利供给方面进行"市场导向改革"[1]，国家撤出福利供应领域。约翰•罗默则主张有限制的国家职能是对市场有效的补充，这种有限制的国家职能体现在国家的这种补充作用主要通过经济手段来发挥。

4.1.2.3　明确国家作用边界

国家的经济职能也有其严格的边界。在传统社会主义中，国家作为计划者在政治经济生活中的行为表现出扩张专断的特点。市场社会主义要想在原有资本主义社会中实现社会主义价值理念，首先就要淡化传统社会主义中国家的庞大职能。市场社会主义对传统社会主义国家的职能进行扬弃，在东欧的计划经济体制下，国家是一个庞大的经济机构和政治机构，市场机制基本不存在，造成了生产的重复和低效，经济结构畸形；而南斯拉夫的市场经济改革走向了另一个极端，市场完全脱离政府的控制，市场机制的缺陷也淋漓尽致地凸显出来，经济濒临崩溃，统一民族国家四分五裂冲突不断。因此，国家通过民主协商的方式对市场进行指导和干预，同时强化国家机构提供公共福利的能力。

---

[1] 格兰德. 市场社会主义[M]. 邓正来，徐泽荣，译. 北京：经济日报出版社，1993：221.

市场体制的力量和社会主义的力量结合起来,在利用某些资本主义成功的微观机制的基础上,国家利用经济杠杆调控经济。与尤里安·勒·格兰德不同,约翰·罗默主张继续推行福利国家政策,如收入分配、再就业培训、基础教育和公共医疗等;除此以外,国家还将参与企业投资规划。

4.1.3 市场

市场的本意是指经济活动的交易场所,作为经济运行机制的市场是各种经济关系的综合。在经济行为中,市场是公民个体和企业组织活动的场所,但相对于国家来讲,市场作为一个行为主体,有其自身的利益和行为机制,所以本书把市场作为独立于国家和市民社会的利益主体。

在当代市场社会主义中,市场优势不仅体现在经济环节,如推进技术革新、资源有效利用和配置等,而且对平等民主等价值观的实现也发挥着重要作用,社会主义的市场化可带来更高程度的民主。当代市场社会主义重视市场机制在发挥经济效率中的关键作用,但市场能否保证效率的实现仍取决于是否存在一个公平自由的竞争的环境。

在东欧国家的市场化改革中,仍然存在官僚特权阶层曲解市场规则、垄断社会资源、投机腐败等现象。鉴于此,当代市场社会主义与资本主义市场规则对自由竞争秩序的认知与共识是一致的。通过市场对生产要素的重新整合充分释放出经济团体与社会成员个人的积极性和创造力,提高了整个社会系统的运行效率。在当代市场社会主义模式中,市场是最核心的要素。任何社会制度的国家或多或少都既运用市场也运用计划。社会主义是一种目的状态,实现这一目的的方式应该根据实现目的的价值和功效确定。传统社会主义将计划作为资源配置唯一手段的实践证明,计划并不意味着平等实现或剥削消除,社会民主主义福利国家的实践也说明了市场也并不会阻碍人们用它来达到社会主义目的。

然而,市场在协调分配方面并不是十分有效的机制,它在提供公共物品、减少失业、消除公害、克服经济波动等问题上存在局限性。在当代市场社会主义者的眼中,市场机制是一种次优选择,之所以倡导市场,是因为市场在资源配置中的效率要高于计划手段。市场失灵的消极方面是显而易见的,因而,当代市场社会主义者为市场运作设计了规范框架,借鉴凯恩斯主义的国家干预理论,强调计划和国家宏观调控在市场失灵时发挥的作用。国家干预市场已经为当前绝大多数国家和经济学家所接受，在自由主义传统最为深厚的美国，联邦政府也逐渐加强中央政府对市场的干预力度。

市场社会主义的社会主义本质要求它既要依赖市场又要超越市场。在对待市场的态度上，当代市场社会主义与新自由主义和社会民主主义理论有着相似的立场，但当代市场社会主义作为一种替代资本主义的理论，在其分配中，又在努力证明其较之新自由主义和社会民主主义有着更高的效率。但从目前来看，当代市场社会主义者在对传统社会主义批判时，大都接受了新自由主义者市场功用的观点，但并没有完全否定中央计划经济，构建新模式时，既利用市场，又注重发挥国家和计划的作用，选择了市场与计划的折中路线。在对待社会民主党的福利国家政策的态度上，当代市场社会主义者看到了福利国家政策在经济发展上动力缺乏和效率低下的弊端，努力构建市场为基础的效率与公平相结合的理论。

4.2 国家、企业、个人分配关系

W. 布鲁斯在《社会主义经济的运行问题》一书中，将社会主义社会的各种经济决策概括为三个层次。一是宏观层次的决策。它涉及整个国民经济发展的战略问题，是带有根本性的决策层次。二是企业经常性经济活动的决策。它涉及企业和部门的生产规模和结构、物资消耗的数量和结构、企业经营销售战略和原料供应、较小的投资及工资的具体形式等。三是家庭或个人经济活动的决策，包括在收入已定的情况下关于个人消费结构的决策和关于职业选择和劳动岗位的决策。

W. 布鲁斯根据这三个层次的经济活动决策方式的不同把社会主义划分为不同的经济模式。其中上述三个决策层次均采取高度集中化的方法的为"军事共产主义模式"；在宏观层次和企业层次决策上集中化、家庭个人决策分散化的模式为"集权模式"；在宏观层次集中、企业和家庭决策分散化的模式为"分权模式"，即含有受控制的市场机制的中央计划经济。在上述三个决策层次均使用分散化决策的为"市场社会主义模式"。在分配中，这三个决策层次之间的关系构成了当代市场社会主义的分配关系。

4.2.1 中央与地方的分配关系

在当代市场社会主义理论中，社会决策与经济决策实行民主控制，决策分散化。在涉及投资计划与经济干预问题时，大多从国家的宏观角度来论证，对中央与地方关系论述的比较少。而且市场社会主义在近百年的发展中，虽然构建出了各式各样的经济模式，但对政府治理模式和中央地方关系并未过多涉及。尤其到了当代市场社会主义阶段，其理论是在现有资本主义社会基础上，通过对其经济关系的改良来实现社会主义目标，并未真正触动资本主义的政权结构形式。

当代市场社会主义的并未涉及论证国家的单一制或联邦制政体，所以本书在论证中央地方分配关系时，主要从经济体系中的分散的决策机制与税收机制入手。

政府作为投资主体，对于社会投资的成本与收益有其特定的标准。地方行政机构与中央行政机构虽然同为投资主体，但二者有着明显的不同。地方政府在经济体系中，处于相对独立的地位且投资能力低于中央政府。因而，它的投资决策必须以本地区的经济收益和社会发展为主要决策依据，因此，每个地区的投资一般流向投资门槛相对较低、收益高，回报快的行业。中央政府要对整个国家经济发展负责，需要统筹地方发展，因此中央政府的投资决策就不能单纯地从高效快速的投资回报来进行考虑，投资决策的标准更侧重于产业部门对就业的吸纳能力、是否具有正的外部效益以及能否增加社会福利的角度。

在当代市场社会主义理论模式中，税收制度对政府财政的影响要低于现实中的国家的财政制度。在经济上，国家不是代理人，是更接近所有者的角色。企业的资本使用税以及生产剩余要上交到如"主银行""公共所有局"等国家公共机构手中，作为投资资本或社会红利。以上机构由中央到地方一级一级地对这些社会资本进行分配。

4.2.2 企业之间的不同分配结构对资源配置的影响

企业间的竞争协作关系也是市场社会主义学者在研究当代市场社会主义经

济微观运行机制时论述不多的一个问题。企业间的分配关系是市场竞争环境公平与否的直接影响因素，也是公平的市场环境的体现。

在国家控制投资的机制下，企业间的分配关系首先体现在投资资金在企业间的分配。在各种市场社会主义模式中，根据企业的生产投资的产生来源大体可以分为两类观点，一是允许企业通过直接融资的方式获取部分生产投资，如托马斯·韦斯科夫；二是生产投资来自国家的投资基金和企业的生产收益，不允许企业直接融资，如约翰·罗默、戴维·米勒等。无论哪一种方式，国家投资基金都占企业生产资本的大多数，因此，争取获得更多的国家投资是企业间竞争的主要内容之一。在第2章所介绍的当代各类市场社会主义模式中，投资资金的分配标准以企业或所处行业的就业吸纳能力以及以往的经济效益为主，在此基础上，国家也会兼顾公共福利性企业和落后地区的企业，以促进社会福利的提高和整体经济的发展。

在经济民主模式中，企业的分配实行民主控制，工人自行决定本企业内部的分配方案。每个企业的效益和员工决策倾向的不同，企业的分配方案也各不相同。但国家会有一个统一的最低工资标准，允许一定程度的收入差异存在。

企业与企业间的分配结构深刻影响着市场的资源配置功能。市场社会主义强调公有制，但也允许小型私有企业的存在。当国家投资基金倾向于公有制企业，这类企业将会积累越来越丰厚的生产资本，有能力也有动力向基础产业发展，受国家计划的影响也就更大；私人企业则更倾向于在收益快成本低的产业部门发展，因此增加这类企业的投资会使服务型、加工型产业得到发展。

4.2.3 侧重个人收入的分配结构

4.2.3.1 劳动者参与经济剩余的分配

当代市场社会主义的社会成员的收入由劳动收入和通过分配得到的经济剩余❶两部分构成。公民第一部分的工资收入是以按劳分配为原则。对第二部分经济剩余的分配主要有两种形式，一是按平等的方式，这一类的代表模式是约翰·罗默的"虚拟证券市场的社会主义"的分配模式；二是根据社会成员的劳动收入

---

❶ 当代市场社会主义的经济剩余包括股息收入（公民掌握的本公司和其公司的股票）、社会红利和家庭储蓄利息。其中的社会红利主要由公有企业上缴的一部分利润构成，企业的利润是社会红利的基础。

按比例进行分配，这一类的代表模式是詹姆斯·扬克的"实用的市场社会主义"的分配模式。虽然各种模式在公民个人收入形式上有一定不同，但经济剩余归劳动者所有的原则不变。

劳动者参与企业利润的分配为实现收入分配的平等提供了必要条件。公民大体平等的分享社会集体财产，平等的分享来自生产的剩余产品，资本私人所有制被废除，大规模财富得以形成的条件不复存在。

4.2.3.2 收入分配的重点是个人或家庭收入的平等

在詹姆斯·扬克的企业红利分配方案中，"公共所有局"管理的全部收入除扣除极小一部分运作经费外，全部收入的95%以上都将作为社会红利平均分配给劳动者。在约翰·罗默企业利润的分配方案中，每一个成年居民都将从政府手中获得一定数额的证券，公民分得的证券购买企业股票，以股息的形式平等地分享企业利润。戴维·施韦卡特和托马斯·韦斯科夫都主张以民主的方式分配企业利润，企业内部工资收入的分配将由所有工人民主地决定，而整个社会层次上的工资差异由国家进行干预，收入差距会被大大减小。不同的模式对收入的分配有着不同的理论，但凡是涉及收入分配方案，当代市场社会主义都把分配重点放在个人或家庭收入的平等上，大部分的利润都分配给了社会成员。

4.2.3.3 少量私人资本参与分配

资本为社会全体成员所有，这种社会所有制决定了资本收入不能成为个人收入的组成部分。在约翰·罗默和托马斯·韦斯科夫的模式中，社会中的每个成员都拥有企业的股票，成为生产资料的所有者，企业利润作为社会剩余平等的在全体劳动者间进行分配。小型私人企业、独立融资的合作企业在很多模式中也是合理存在的，这就为资本收益的存在留下了一定空间。

在分配中，社会成员与资源的关系构成了利益结构的基础，资源的配置方式决定了社会成员的利益关系。利益结构是利益在国家与社会之间、国家与社会成员之间、社会成员内部之间的一种制度化分配和获取的关系，也是分配关系的直接体现。国家与市场、政府与公民在分配中的相互协调、良性互动的过程为市场社会主义体制得以确立并稳定有效运行提供了基础，在这种过程中，权力与资源分配相对均匀，社会成员共同参与公共决策和社会管理过程，社会经济发展利益为全体社会成员共享。

第 5 章
当代市场社会主义的分配机制

分配机制是分配结构所产生并通过分配形式运载的分配功能转化为分配效应的具体规则和秩序，这些规则是根据具体的经济社会环境而制定的，具有较强的灵活性。当代市场社会主义和计划模拟市场形式、分权形式的市场社会主义是不一样的，它强调直接吸纳市场体制，有效地发挥市场体制资源配置的根本性功效。

5.1 对经济资源的分配

5.1.1 基于资源有效配置的市场分配

在当代市场社会主义中，市场不仅是提高社会主义经济效率的经济运行方式，而且是更高程度的自由、平等、民主和社会正义的保证。

5.1.1.1 市场在初次分配中的效率

（1）市场有着较为"自然"且公平的激励系统。市场的价格机制不但属于信息系统，而且还是有着激励作用的体制。它在向商品供应商传递客户对各个产品不同需求信息的同时，还能给予商品制造者一种激励，从而让其制造出更多市场需求大的产品。

在没有国家干预、公共组织引导的情况下，市场的激励机制是能够给市场中的活动个体以足够的动力，激励经济活动者去追求更高的效率、更先进的技术。健康的市场运作机制能够提供一个良好的公平的竞争环境和畅通的信息传递系统。市场给予了平衡分权化经济方案的最佳策略，属于解决信息最佳的渠道，并且也给予了以效益成果为依据的激励体制。但是如果市场交易群体出现分化，稀缺资源集中在一小部分市场主体中，那么很容易就会出现少数人凭借资源垄断剥削大多数人的情况。约翰·罗默的理论体系也对市场的作用给予了充分的肯定，社会主义想要实现经济有效率的发展，就必须要依靠市场竞争，才能创造出和资本主义社会类似的较为多样化的生活模式，不然的话，社会就会缺乏稳定性。约翰·罗默进一步指出，企业应该在市场竞争中追求利润最大化，而在正常条件下（包括企业竞争环境）实现利润最大化能够带来有效率的资源配置。截至目前，我们并未发现有类似的例子，也就是企业不把扩大利润作为目的，而使一个庞大的经济体可以成功运行。

（2）市场可以促进个人自由。市场使选择最大化。市场有效保障了对于个人在消费方式和消费对象、职业选择及言论发表等方面的自由。当代市场社会主义理论中，一个社会能自由到何等地步，和这个社会的资源配置模式息息相关。在以市场为主导的资源配置模式下，民众可以根据自身偏好对各类资源做出不同选择。供应商只要能够给予市场所需的商品，普通民众就可以根据自己的喜好做出自己的选择，如不同的穿衣打扮风格或多样的精神生活等。市场除了能够带来上述自由选择，还可提供部分具体的自由，像是挑选职业类别及就职区域的自由等。而在计划经济体制下，在就业选择中，劳动者必须听从就业分配单位的安排，并且这种情况下的安排并不能够符合所有人的需求。市场经济把选择工作的权利给予个人，如此不但能满足那些想要高收入的人群，还能满足那些不在乎薪酬只享受工作过程的这一群体的需求。此外，市场还有利于实现政治生活中的自由，如电视网络纸质新闻媒体的市场化为公民的政治表达提供了平台和多样化的工具。在市场条件下，公民选择的最大化为公民主体意识的培养提供了基础，一方面，市场打破了政府对信息的垄断和舆论控制，政治活动中实现了最大程度的信息透明；另一方面，公民有充分表达自己政治意愿、维护自身权益的意愿。

（3）市场可以防范经济权力过度集中。市场对经济权力的分散主要通过对民主机制的促进，避免经济权力集中在官僚特权阶层手中。首先，在经济民主方面，在市场环境中，所有企业员工对其企业生产或工作环境具有高度的控制权和决定权，像是如何对具体的产品生产安排都具有决策权。并且，企业的劳动者还可以通过协商决定企业生产线的专业化或多样化，选择努力增加产量，或者是即便收入降低也要优化工作环境等，这些就构成了经济民主的大致内容。相反，如果经济受制于计划，那么企业将被牢牢控制在国家计划之中，不能享有这样的自主权。其次，在国家民主层面，庞大冗杂的官僚部门在计划经济中常常会出现，经济的整体决策乃至具体企业的生产方案都出自此部门，此类官僚部门的机关人员的腐败及专断都无法得到很好地操控。但是市场社会主义制约了国家的功效，所以，就很容易对官僚实施具有实效性的民主操控。所有公司员工想要享受这种自主权，就必须在市场经济中，而绝不可能在计划经济中享有。

  当代市场社会主义者也揭露了市场的弊端：第一，市场各种要素的自由流动有可能会产生垄断，垄断会破坏市场的公平自由竞争秩序。因此，国家在进行市场干预时要注重发掘、激励新的竞争者，防止追求垄断权力的非市场因素破坏竞争秩序。第二，在市场中存在着负外部效应❶，即市场中的经济个体的活动对社会或其他个体产生了负面影响却没有承担相应的责任和义务。比较典型的例子有工业发展带来的生产环境破坏，政府为了治理环境污染所支出的费用、自然资源的损耗及人类健康的损害这些构成了市场负外部效应的成本。第三，"市场无政府状态"导致经济浪费。当所有的人都去积极追逐更高利润的生产时，它将只会出现一种结果，那就是部分企业繁荣昌盛，部分企业败下阵来。在这种情况下，社会需求的满足是以高昂的经济浪费为代价的。第四，市场通过价格对产品数量做预期调整，价格信息往往被过分夸大。所以，在市场系统内，价格可能在短时期内会出现大幅波动，给生产者带来生产的不确定性并导致消费者消费行为的盲目性和社会资源的浪费。第五，资源分配的平等与公平问题在市场经济中不能得到彻底的解决。无论对生产资料公有制的制度设计如何详尽，存在市场分配，必然会出现一部分相对富裕者。再分配制度在市场社会主义公平分配中起到

---

  ❶ 外部效应理论源自英国经济学家马歇尔的"外部经济"概念（《经济学理论》，1890），并在庇古和科斯的继承和发展下，形成了今天的外部性理论。经济学中往往采用萨缪尔森对外部性的定义："外部性是指那些生产或消费对其他团体强征了不可补偿的成本或给予了无须补偿的收益的情形。"外部性分为正外部性和负外部性。生产中的负外部性的典型例子为工业污染，生产中具有正外部性的产业如教育产业等对社会的长远发展有利的；消费中的负外部性行为如中老年人跳广场舞，如果伴舞音乐干扰周围居民的休息，那么跳广场舞这种行为对周围居民来讲是一种负外部性；消费中的正外部性例子如接种乙肝疫苗，对自己和周围的人都有好处。

的关键作用,二次分配制度就是尽可能地消除市场经济带来的分配的不平等,将收入差异化控制在最小范围内。虽然市场是调节商品和服务供给的一种高度有效的机制,但在分配由市场提供出来的福利方面,则需诉诸市场以外的公共网络,如财产权利投资机构和税收制度等。

5.1.1.2 民主控制的市场分配机制

正如上文分析,市场分配必然会伴随着收入差异化和分配的不平等等缺陷。在各类分配模式中,都主张对市场分配进行一定程度的干预,其中探讨最多的是通过在经济中实行民主控制方式,使各类资源分配合理化。

以下三类模式在具体措施上最有特点,分别为约翰·罗默的"虚拟证券市场的社会主义"模式、托马斯·韦斯科夫的"民主自治的市场社会主义"模式和詹姆斯·扬克的"实用的市场社会主义"模式。"虚拟证券市场的社会主义"的模式的经济民主控制制度主要体现在对经济剩余的分配上,公民以息票购得同样数量的公司股票获取股息收入。托马斯·韦斯科夫"民主自治的市场社会主义"的模式中社会成员获得同等数量的共同基金股票,不同的共同基金股票可以进行交换以实现股票的增值。詹姆斯·扬克"实用的市场社会主义"的模式中,社会红利由公共所有局收取并按工资收入比例完成分配,可以看作生产活动完结后对收益所做的分配。在戴维·米勒的"合作制市场的社会主义"的模式中,工人对合作社实行民主管理,通过投票对企业生产、利润分配进行决策;合作社通过高薪来吸引技术熟练的工人,但是"薪酬差别控制在'3∶1或4∶1'"❶的范围内。显然,在合作社内部的员工间,反映员工对经济活动所付出的多少的不等额经济收益依然存在。但由于工人自治在一定程度上,能够对收益划分实行民主操控,所以才能实现初次分配最大程度的平等。

市场分配未必是不正义的,市场会回报那些辛劳工作和节俭的人。收入分配取决于市场运作依据的背景制度,社会主义市场经济下不平等程度取决于这些制度的构成方式,而后者又取决于拥护再分配的政治意志的强弱❷。当代市场社会主义主张对收入分配进行一定程度的民主控制,并特别设计了一些富有特色的保障分配平等的机构和措施,来实现收入分配的平等。

---

❶ 皮尔森. 新市场社会主义 [M]. 北京:东方出版社,1999:127.
❷ 埃斯特林,格兰德. 市场社会主义 [M]. 北京:经济日报出版社,1993:48.

5.1.1.3 初次分配中的工资决定机制

公有制的经济基础决定初次分配中按劳分配。为了缩小收入差距、实现公平分配，市场机制在初次分配中起基础性作用，保障初次分配的机会平等和效率，政府运用经济调控手段在再分配中保障工资收入和利润分配的平等。

（1）企业内部的收入平等分配。企业内的收入分配体现在两点，一是劳动者按劳获取工资收入；二是劳动者参与企业利润的分配。根据按劳分配原则，劳动者按劳动量的多寡和技能水平获取工资收入，个人工资水平及工资占企业受益的比重由工人以民主的方式确定。劳动者参与企业利润的分配，企业利润被分为两部分使用，一部分以股息形式或者直接分配的方式发放到劳动者个人手中，另一部分作为社会扩大再生产以及风险应对的储备基金。在股息红利分配形式中，社会剩余被平等分配给每一个社会成员，在直接分配形式下，社会成员个人的劳动收入成为分配红利的决定性的依据。

（2）企业利润和工人收入的分配由所有工人民主地决定。戴维·米勒的工人合作社在市场竞争中取得利润，纯利润形成一个基金库，作为企业投资和收入分配的源泉，工人自己决定在合作社内收入如何分配。阿贝尔设计的劳资合伙企业中，资本供给者与劳力供给者都拥有企业的股票，都有权获得企业净收入中的红利。戴维·施韦卡特提出了通过民主方式分配企业利润的方案，主张建立以社会占有生产资料为基础的自治企业，企业由工人自己管理，工人决定生产什么、生产多少、如何生产和净收益如何分配等问题。托马斯·韦斯科夫提出的民主决定的分配方案中，企业可以采取任何方式的收入分配政策，但这些政策一定要民主制定。为了保证资本收入的公平合理分配，托马斯·韦斯科夫建议分配给每个成年公民相同数量的共同基金股票，以使每一个成年公民对所有企业生产性资本收益拥有平等的索取权利。

（3）国家对工资差异进行干预。在戴维·米勒的"合作制的市场社会主义"的模式中，尽管合作社内部人员间及合作社和合作社间，存在收入分配不均等的问题。但这只是体现和反映了劳动者对经济活动所做的贡献的大小。这种收入不平等是合理的。不过，这种不平等不能发展到当代资本主义社会中的那种差异程度，不能危及社会地位的平等。

形成的大规模财富的资本私人所有制这一根源已被废除，但当代市场社会主义仍允许收入差距存在,但这种差距要小于资本主义自由市场经济中的贫富差距。由于在企业内部已经实现了由劳动者民主地决定收入分配,国家从宏观层面对收入差距进行干预,如国家规定最低工资标准并且为社会成员平等地提供公共必需品。

当代市场社会主义分配理论明确提出了收入分配以市场机制的有效和充分运行为基础,提出了控制收入差距,国家必须制定合理的政策对利润分配从宏观上加以控制,以避免"分光、吃光"的不良现象等措施。但它在如何利用市场机制实现收入的平等和促进经济的效率方面仍然存在不足,国家和工人在收入分配中的作用也未能很好地界定。

5.1.2 政府再分配

5.1.2.1 再次分配的正义性

市场竞争公平、高效资源配置的优点,也伴随着市场经济的无序性、功利性、市场失灵、金钱至上及滞后性等先天特性,让经济的进步产生了混乱和无政府的情况。"在社会主义条件下,如果政府不能给予合理的调控,作为发展手段的市场经济同样会与资本主义条件下一样,市场机制本身所固有的自发性和滞后性的缺陷就会凸显出来。"❶市场社会主义社会将不可避免地需要一个强大的民主国家,它能够在市场失控的时候进行干预和调节,有能力改善竞争条件和摧毁垄断,最重要的是要由能力促进自由和平等。

为了解决资本主义无法为求职者提供持续的就业机会、福利分配的极度不平等问题,市场社会主义者通过投资的公共调节保证充分就业,在工人合作社等企业中,保证工人的基本收入平等,然后通过税收制度来实施那些受公众认可的再分配措施。第一,戴维·施韦卡特的充分就业方案。普遍的工作权是社会主义的要求,每个人都拥有从事创造性劳动的机会,保持充分就业关乎工人的切身利益。戴维·施韦卡特认为,由社会控制投资具有阻止失业的作用。"可以起到降低失业率的作用,它也具有阻止那些典型的资本主义固有的周期性、衰退期的失业的功能。"❷政府作为"最后的雇主",将幼儿照顾和老年人看护作为公共责

---

❶ 陶学荣,廖晓明,程样国. 公共行政管理学 [M]. 南昌:江西高校出版社,1996:362.
❷ 施韦卡特. 超越资本主义 [M]. 宋萌荣,译. 北京:社会科学文献出版社,2006:203.

任，坚持代际团结，将公共补贴用于这一类劳动密集型行业，增加就业空间。第二，伊藤诚的部分闲置就业方案。伊藤诚认为，充分就业"丧失了对必须扩大的各产业提供劳动的弹性……短缺经济与产业间的结构性失衡容易发生"[1]。所以，无论对于计划经济还是市场社会主义来说，将劳动人口的一部分以社会主义产业后备军的形式闲置都是必要的。但是，不同于资本主义劳动力市场中失业主要由个人来承担责任，社会主义的产业后备军"是一种长期带薪休假，有足够的收入、有教育和训练的机会、有复职和转职等保障"[2]。

但是，社会主义的这种不完全就业区不是失业，社会会对这一部分劳动人口负责，政府会对这一部分人提供职业技能培训，同时会有薪酬收入，而且会随时根据产业发展情况进行岗位调配。伊藤诚的这种劳动人口闲置政策为经济的弹性变动提供了一个新的解决思路，但是他没有对这部分闲置劳动力的规模做明确的规定，这种闲置将会带来的财政负担也是难以估计的，而且人在经济生活中都是有惰性的和自利的，无须劳动便可以获得收入很容易导致劳动力的寻租行为，劳动力都在试图进入产业后备军，导致劳动积极性的下降和经济效率的下降。

5.1.2.2 政府在分配中的角色和作用

竞争性市场虽然有诸多优点，但也存在一些严重的问题，如市场的无政府状态、财富收入分配的不公平及经济的外部效应等。这些问题是市场本身无法克服的，需要政府进行积极有效地干预，"人们很难预见，没有政府的广泛作用——建立法律框架，使市场力量在此范围内得以运行，干预市场，以确保其结果与社会主义价值观一致；提供非国有的福利服务，以弥补市场此方面的失败——目的状态形式的社会主义如何才能运行"[3]。国家干预理论是市场社会主义分配理论中必不可少的组成部分，可以这样讲，市场社会主义对市场机制的理论有多重视，对国家干预的就有多关注，政府是国家干预行为的具体执行者，国家干预在经济生活中常表现为政府对经济行为的规范和引导。

为了防止计划经济体制下集权官僚政府的出现，市场社会主义对政府干预做了深入的探讨，既要发挥政府干预的作用，又对政府的经济权力进行有力的

---

[1] 伊藤诚. 市场经济与社会主义 [M]. 尚晶晶，译. 北京：中共中央党校出版社，1996：119.
[2] 同[1] 120.
[3] 埃斯特林，格兰德. 市场社会主义 [M]. 邓正来，等译. 北京：经济日报出版社，1993：81.

限制。

　　首先,是政府干预的领域范围。政府要涉及垄断部门、资本市场、外部效应企业,以及关乎社会福利公平的行业进行重点干预。垄断部门往往是关系国计民生的大型基础产业部门,如水利、油气、通信和交通等产业,这些产业部门进入门槛高,行业内部往往只存在少数商家,极易形成价格垄断,而且由于现存企业几乎没有竞争者,产品和服务质量难以有效保障,因此政府要加强对这一部门的监管,同时要积极引入竞争防止或限制垄断行为。在经济生活中,常常会出现一些带有负外部效应的企业和产品生产,如某些石化项目等,这类企业可能会导致直接或间接的污染,不利于经济的长远健康发展,但是经济效益高;一些有着正外部效益的产业部门,如教育产业等,虽然有利于整个经济社会发展,但是经济效益低。资本在市场中必然忽略外部效应会向利润高的行业流动。因此,政府需要发挥经济职能,以税收、补贴或转移支付的形式引导产业向持续健康的方向发展。资本市场在信息公开上有其天然缺陷,投资者很难从市场上获得充分的正确信息,因此政府要发挥经济的宏观统筹优势,为资本市场干预提供相关的评估预测资料。市场对利润的追逐决定了市场对低经济回报率的社会福利产业的忽视,政府要替代市场,成为社会福利的主要提供者。

　　其次,对政府干预的方式作了具体规定。投资资金是政府进行经济调节的最重要的工具。在前文涉及的各类市场社会主义模式中,企业的生产资料大部分来自公共机构,因此投资资金的流向直接决定了企业在相关行业或地区的投资。政府直接投资公共项目,既满足了公益事业建设的需求,也保障了就业。利用税收、利率等财政手段补偿不完全市场。政府对不同工业领域的借贷资金规定不同的利率,必要时实行优惠利率或高额利率,这会引导市场价格趋向均衡状态,使商品的供求大体相当。这种对投资的社会控制不规定商品价格,也不需要政府制订生产计划,这些都留给企业通过市场去安排。国家通过在多种利率间控制和调节实现较为理想的投资构成。

　　市场社会主义没有完全摒弃指令性计划手段,对其做了非常有限的保留,仅能作为对个别协调失误的补救措施。这种有限的计划手段不是市场主体具体经济活动的指导程序,每个经营者根据具体情况有充分的发挥空间。

　　总的来看,当代市场社会主义者明确肯定市场社会主义条件下的政府干预作用,认为政府干预的功能是通过控制和调整利率这种间接手段实现的。政府有权干预经济，由于目前还缺乏一能够使投资结果适合社会整体要求的市场，所以需要政府通过利率控制投资，克服资本主义经济的周期性危机。

5.2 政治资源分配

政治资源是指公民运用其合法政治权利所能获取和享用的政治待遇和政治机会，是其政治权利的实施所取得的结果，是现代社会中人们生存、发展所必不可少的保障条件和有效资源。政治资源的分配是指公平性地非歧视性地使任何拥有合法公民权的个人都能够同样获得政治机会、享受政治机会。

5.2.1 公民转让劳动产权获得民主政治权利

劳动者通过掌握生产资料、平等分配收入的经济权力获得政治上的民主权利，实现了劳动者在政治上的更大平等。这是当代市场社会主义各类模式中关于政治分配的核心观点。

在戴维·米勒的观点中，劳动者获得的政治权利应包括政治上的参与权利和地位上的平等权利。资本主义的不平等不仅仅体现在经济分配方面，经济分配不平等背后所隐含的政治影响和社会地位的不平等才是最大的不平等。发达资本主义国家的民主体制中，掌握大量社会财富的资本家和利益集团通过购买选票来对政府施加更大的影响，并且在教育、医疗等方面享有特权。市场社会主义中，伴随着资本私人所有制的消除，大规模的资本收益基本不存在（少数模式中允许家庭储蓄利息存在），劳动者在合作社内对收入分配进行民主决定，因而这就不会产生更大的经济收入差距。在此基础上，劳动者也就能追求更多的政治权利，如社会地位的平等权利、政治的参与权利和受教育的权利等。为了保证"协商性民主"的实行，"宪法国家"必须解决两个问题：一是在整个国家层面的代表制的适当形式；二是政治制度中不同层次的公众共同体之间的关系。对于这两个问题，戴维·米勒也明确承认不同层面之间存在冲突的可能性，所以他提出要更多地依赖一种被广泛接受的协商解决冲突的文化。

由于金钱对选票有着强有力的操控作用，资本主义的民主制度在很多情况下流于形式，这种程序民主被扭曲为掌握大量财富的这一部分人进行政治控制的工具。市场社会主义恰恰从这一点入手，通过废除资本的私人所有制度，消除财富大量集中在少量个人手中的经济基础，社会成员对社会财富占有的差异程度减少，有效民主的最大障碍彻底消失。在约翰·罗默看来，在市场社会主义条件下，政治将比在资本主义民主中更加民主，因为资本家阶级作为一个有经济力量能够影响或操纵国家政策的阶级将不再存在。

民主控制的国家能够使生活有效地服从详细的计划，在市场社会主义条件下，代议制的民主能够创造出一些对经济管理实行普遍的民主控制的形式。

以上是市场社会主义经济产权制度对民主优越性的影响。但是这种政府的社会控制是否具备较强的社会管理能力和经济调节能力，还要政府能够对经济实行有效合理的干预。

政治民主也有助于提高政府的经济干预能力。市场社会主义民主制度下选举产生的议会负责监督执行投资方案的公共部门，而且通过民主协商的形式制订各项投资方案。在各项投资方案的基础上，国家为企业提供宏观的一般性指导，企业内的经济民主在企业的具体运行中发挥重要作用。同时，利率方案除了要在民选议会进行协商表决以外，还要纳入政党的竞选纲领，这样民主制度的各项程序环节中充分体现了经济的民主控制。在没有各种利益集团的操控影响下，政府作为公共利益的代表和维护者更具有权威性。

5.2.2　经济民主政治民主的推动和促进

5.2.2.1　经济民主是公民政治权利的重要实现形式

经济民主优先关注的是财富的平等性，这种对财富平等性的要求必然会反映到政治民主上来，为政治民主提供了公民之间平等对话的平台。在经济民主制度下，每一个社区都会收到按人均份额分配的国家投资基金，地方政治变得更有意义，公民有机会了解自己的社区总体结构，不必担心他们的决定可能抑制新资本的进入或引起地方企业的迁出。只有公民之间财产占有处于平等地位，才能保证公民在政治上获得平等对话的机会。经济民主所追求的财产的平等占有是政治民主获得发展的必经途径和必要准备。

通过限制政治献金，增加了公民控制政府的能力。在经济民主的市场社会主义模式中，竞选公职的竞选基金有公共基金提供，私人捐赠仅是一个数量很小的补充基金，当权者和挑战者双方的竞选支出也受到严格限制。在经济民主体制下，代议制政治民主扩展了人民所关心的事务范围，提高公民对公众事务的参与程度。

5.2.2.2 多层次的公民自由

自由作为一种价值观得到了市场社会主义者的重视。马克思在《资本论》中揭示了资本主义市场中潜在不自由的事实被表面上的自由平等关系掩盖。自由作为一个传统的政治哲学概念，从不同的角度，对自由有着不同的理解。《人权宣言》将自由定义为"有权做一切无害于他人的事情"。1958年，以赛亚·柏林❶在《两种自由概念》一书中，将自由化分为积极自由（有效的选择能力）和消极自由（没有强制）。在此之后，学界对自由的定义开始借鉴这种划分。市场社会主义学者也认可积极自由和消极自由的划分。但市场社会主义者反对对自由进行简单的二元划分，市场社会主义的自由观更关注的是拥有能力进而拥有相当的资源去采取有效行动行使自由的能力。

积极自由意味着选择的有效性，有效选择是指选择的多样性和选择结果的确定性。自由不仅会因法律禁令而削弱，而且也会因为那些剥夺人民按照自己的选择来行事的物体手段的经济政策而削弱，一个社会的自由程度与社会的资源配置方式密切相关，平等的分配本身能够促进最大的自由是错误的，自由之所以受到重视，是因为人民可以对他们愿意的生活方式做出极不相同的选择。

在戴维·米勒的观点中，社会主义的核心理念是有效选择的平等，他反对将积极自由和消极自由对立起来分析，并认为"对自由的限制就是一个或多个当事方应对其承担道德责任的那些障碍……诸如失业这种经济上的缺陷限制了我的

---

❶ 以赛亚·柏林（1909—1997），牛津大学教授，20世纪顶尖的自由主义思想家。他认为积极自由是指人在"主动"意义上的自由，即作为主体的人做的决定和选择，均基于自身的主动意志而非任何外部力量。当一个人是自主的或自决的，他就处于"积极"自由的状态之中。这种自由是"去做……的自由"。而消极自由指的是在"被动"意义上的自由。即人在意志上不受他人的强制，在行为上不受他人的干涉，也就是"免于强制和干涉"的状态。

自由,所以最自由的秩序必须限制这些障碍"❶。普兰特也认为"自由能够使我朝着自己的目标迈进,为了达到这一点,我当然需要资源、权力和机会❷"。因此,自由的实现取决于实现的有效手段,而这种有效手段的实现依赖资源的再分配,使社会成员具备获得有效手段的能力。

市场社会主义的自由以有效选择为核心:一个自由的人应该是有多种选择的,而且这些选择必须是实质上而非形式上的。市场社会主义的目标在于比资本主义可以允许更高程度更大范围的自由,市场社会主义可能比资本主义更民主,在政治自由方面,经济民主更大限度上减轻了金钱控制选举的过程的扭曲程度,媒体将脱离政治精英的控制,在经济民主的社会中,政府不会控制所有媒体,更没有控制所有就业,为言论自由做出保障,避免了少数人掌握大众舆论工具的现象。在经济自由方面,市场机制的介入是社会成员的选择最大化,消费者获得更多种类的商品,劳动者获得更多就业选择机会,雇主(公共企业)获得更有弹性的劳动供给。

5.2.3 政治资源的公平分配对机会均等原则的意义

5.2.3.1 政治资源分配失衡加剧了分配不公的程度

政治资源在法理上被平等地赋予每一个合法的公民,但是在现实中,家庭背景、职业、受教育程度和财产状况等因素仍旧成为影响政治资源获得的约束条件。穷人和工人阶级可能会由于财产状况的窘迫无暇顾及政治资源的得失;受教育水平不高的阶层,在语言及文字表述部分和受教育水平较高的阶层有很大的差距,他们在公民权行使过程中所获得的政治机会相对受到限制。这一部分人对政治资源的拥有名存实亡,政治资源逐渐集中到中高收入、教育程度较高的一部分人手中。在现实生活中,掌握资本的人更热衷于参加各种社会政治活动,他们借助所有契机去参政议政、扩大影响、阐明观点。政治资源向这部分人手中高度集中,挤占了其他阶层的政治资源,直接影响和扩散到经济资源分配及其他分配领

---

❶ MILLER D. Market, state, and community: theoretical foundations of market socialism[M]. New York: Oxford University Press, 2002: 45.

❷ 皮尔森. 新市场社会主义——对社会主义命运和前途的探索[M]. 姜辉. 译. 北京, 东方出版社, 1999: 112.

域，使贫富差距不断拉大，甚至失去弥合的基础。

5.2.3.2 政治资源的公平划分是避免贫富距离被扩大化的平衡力量

在现代民主社会中，政治资源的公平分配成为其成立的底线与根基，如今的西方社会主义者大致都是民主主义者。在《社会主义的未来》一书中，约翰·罗默提到社会主义所需要的一个条件即政治影响的机会均等[1]。政治资源均等，才可保障人民能平等性地争取到经济资源，才能保障起点的相同，这种平等很大程度上牵制了由不公平的分配经济资源引发的越来越明显的贫富差距，成为制衡并改善社会关系的重要力量。

5.3 国际间资源分配

市场社会主义者对资本主义的批判除了国家内部的政治、经济、社会资源的分配不平等，对资本主义全球资源的掠夺也提出了异议。资本主义的结构性缺陷为可持续发展带来了大量的不可避免的问题，如生态破坏、代际不平等及不平等的贸易格局等。市场社会主义对这些问题的解决，体现其理论在人与社会的全面发展方面的优越性。市场社会主义所讨论的分配制度设计，基本上是以一个国家的经济为主体来谈的，市场社会主义在一个国家是可能的，在世界规模上去实践也有其意义。

5.3.1 生态可持续发展

5.3.1.1 资本主义对生态的制度性破坏

市场社会主义者认为，资本主义的重大缺陷之一就是会带来环境污染、生态破坏。资本主义用市场去配置商品和服务，不是资本主义违反生态限制的基础

---

[1] 罗默. 社会主义的未来 [M]. 2版. 张金鉴, 徐崇温, 余文烈, 等译. 重庆：重庆出版社, 2011: 104.

性结构特点。

以下三点可体现制度力量对生态破坏的影响。

(1) 资本主义扩张的本性。私人资本的逐利性意味着企业为赚取更高利润扩大生产规模降低生产成本，而忽略环境影响。在资本主义的生产条件下，富人阶层一般会造出很多高程度的公害，如污染等，是因为公害对他们来说，消极影响远远小于积极影响。即便公民通过各种方式呼吁政府进行法律管制，富人阶层的利益集团便利用手中掌握的资源对政府和议会施加影响，目的是让企业造成的高污染合法化。

(2) 资本主义以雇用劳动力为基础的危机取向。在资本主义中，工资既是成本也是购买力的来源，在经济运行中，生产者本能地会去降低平均工资，如果平均工资和总需求下降，那么生产和就业就会下降。因此，资本主义下，全球经济停滞和恶化的可能性是存在的。

(3) 资本的无限流动性。随着经济全球化的发展，资本拥有前所未有的能力和更多的行动自由，资本可以迅速流向世界上任何地方去寻找更高的回报，这使得工作的不稳定性增强，经济共同体变得更脆弱，移民大量增加。

资本主义这三大特点决定了这一制度下的企业在竞争压力中不停地去扩大再生产，这种以GDP来衡量的增长往往忽略人们的幸福感和生活质量。为让这种增长保持不变，一方面，需要资本使用信用制度来刺激内需；另一方面，还需要加大对外投资和出口力度，这样还可满足企业家与贫穷的国家对资本需求的数量。这种富国持续增长，穷国模仿富国的消费模式，给目前有限的粮食供应和自然资源带来的巨大的压力。

5.3.1.2　市场社会主义对可持续发展的积极影响

(1) 企业利润的合理分配减少污染。在市场社会主义条件下，尤其是在约翰·罗默设想的"虚拟证券的市场社会主义"的模式中，利润会在全社会内得到合理分配，也就"不存在一个从利润中获取巨额收入的由少数人构成的权力阶层，因此没有一个对争取高程度公害感兴趣的阶级"❶。在这种利润公平分配的经济制度中，每一个社会成员所得的利润及他们要面对的"公害"是相同的，在环

---

❶ 罗默. 社会主义的未来[M]. 2版. 张金鉴, 徐崇温, 余文烈, 等译. 重庆：重庆出版社, 2011：51-52.

境发展中每个人的利益是一致的,所以,所有人都会尽力去避免经济活动带来的污染。在经济民主制度下,资本为社会所有、投资实行社会控制,资本不是自由流动的。但由于资本对利润追逐的本性,会使得它向利润丰厚、污染严重的行业或者企业流动,却忽略了因此带来的外部性生态问题。投资的社会控制可以确保企业在国内外执行相同的环境标准,以防止发达国家向发展中国家转移污染产业,控制污染在全球的扩散。

(2)改造人的消费偏好和价值观。在约翰·罗默的观点中,改变人的偏好和价值观比设计社会平等制度更重要。而且约翰·罗默也认识到通过普及更多道德课程来改变人们偏好是希望渺茫的,一定要以物质条件为出发点,从而发现社会的团结运动的规律。当一个国家内部公民面临同样的风险问题,共同危机会让所有的人都为自身利益而行动,公民往往会表现出空前的一致性。

工人管理的企业运转的主要动力是防止失去市场份额,这类企业没有兴趣去扩张,特别是扩张意味着要接纳更多的工人。经济民主制度更加倡导生态的可持续性,生态的可持续性意味着一个国家的消费不可再生资源的份额不能多于其人均占有量,排放的污染量不能超过人均可持续的排放量,最终必须达到从根本上按比例减少消费,因此,在这种情况下,投资的社会控制就显得格外有意义。

在基本需要得到保障,同时拥有一个能够增加休闲和更有意义的工作的情况下,可以促使公众改变现在的生活方式。缩减消费不是一朝一夕的事情,至少在没有严重社会危机的情况下,不能很快实现。需要通过投资,改变目前已经形成的以过度消费为特点的环境结构。国家和地区的立法机构与社区的立法机构做出关于投资基金优先权的决定,即投资基金在公共部分和市场部分之间的配置,以及决定实施哪些公共部分项目。这种决定的做出不受金融市场及企业的影响,同时投资基金业会帮助受到影响的企业进行重组或者另外调整,在这种公共投资引导下,社区进入一个生态可持续状态。

(3)代际间的分配公平。代际公平是一个重要的资源配置概念,是经济社会可持续发展的重要原则,它克服了之前各类分配理论在时空上的狭隘性,强调资源在每一代人之间都要公平的分配,是分配的平等原则的新内涵。代际平等克服了之前消耗型经济发展模式对环境的破坏,把经济社会发展的目标由单纯的物质追求向人的全面发展转变。20世纪80年代以来,可持续发展成为发展经济学,以及各国政府、国际组织广泛关注、普遍接受的原则,也是当代市场社会主义在分配中越来越重视的问题。

市场社会主义者在解决分配平等问题时也将关注点转向了代际平等，并将代际平等赋予到伦理平等的范畴中。约翰·罗默从公平分配的角度论述了代际平等的必要性，人与人之间的平等不仅存在于"代内"，即同代人之间，而且存在于当代人和下一代人之间。当代人没有权利去剥夺下一代人的享用资源的自然权利❶，为了人类社会的生息繁衍，上一代人有责任和义务保障下一代的福利水平至少不低于当代人的水平❷。除了理论上的论证以外，约翰·罗默、戴维·施韦卡特等学者还积极关注全球变暖、生态可持续发展等国际领域中代际平等的具体问题。在气候变暖的国际责任划分中，约翰·罗默坚持发达国家要比发展中国家承担更多的责任，落后国家的人均福利水平和国家对限制碳排放成本的承担能力与发展中国家差距加大，贫困地区应该优先考虑发展，当"人均福利水平达到一定水平时才应加入这个契约"❸。

戴维·施韦卡特在《超越资本主义》一书的扉页中，写下了"为了下一代和再下一代"，在书中论证了经济民主的市场社会主义对可持续发展的积极意义。在经济民主制度下，工人对本企业有决策权，所以工人有能力限制企业对环境造成的不良影响。市场中的企业都会保持强劲的发展势头，但经济民主制的企业并不会和资本主义管制下的企业相同，不增长宁愿亡，虽然工人们也会贪婪，企业发展的"主要动力是防止失去市场份额……乐于保持零增长"❹，经济民主企业缺乏扩张的内在动力，因为扩张意味着"接纳更多的工人"，更重要的是工人数量的增加未必会带来收入的增加。在这种稳定的发展模式下，生态可持续性有更大的可行性。

---

❶ ROEMER J E. The ethics of intertemporal distribution in awarming planet [J]. Environmental and Resource Economics，2011（48）：363-390.

❷ ROEMER J E. The Rights of Future Generations and Climate Change [EB/OL].（2019-12-15）[2010-08-13]. http://pantheon. yale. edu/－jer39/Bilbao. Lecture. pdf，2010-08-13.

❸ ROEMER J E，LLAVADOR H. et al. Sustainability in the Presence of Global Warming：Theory and Empirics [EB/OL].（2012-08-14）[2019-12-15]. http://pantheon. Yale. edu/～jer39/UNDP%2004 01 11. pdf，2012-08-14.

❹ 施韦卡特. 超越资本主义 [M]. 北京：社会科学文献出版社，2006：236-237.

5.3.2 公平的贸易格局

市场社会主义的分配制度的设计,一般都是以一个国家的经济作为主体进行讨论的,这种制度设计在一个国家是可能的,在世界规模上去实践也有其意义。市场社会主义提倡公平贸易,反对穷国消耗资源为富国生产消费品。

5.3.2.1 公平贸易政策

在与其他国家(包括资本主义国家和社会主义国家)进行和平贸易时,由于工作场所和投资机制是按经济民主制度构架制定的,所以这种经济交易活动的性质就有重要的区别,这种贸易活动没有实质性的跨国资本流动,企业不会进行对外的资本投资,因为企业民主地为自己的工人所控制,投资的基金是公开并依法委托管理的,大部分金融资本将留在国内用于国内再投资;由于国内不存在股票、公司债券、企业被出售,所以资本也无法流入。跨国资本流动的消失带来了两个结果,一是国家不会为了吸引资本而放松环境标准;二是国家之间的工资差额得到阻隔,从而避免了国际间的工资竞争。

合作劳动和公开的产生投资基金,不会完全取消国际工资竞争,也不会弱化环境法规的刺激消失。市场社会主义所提倡的不是目前的自由贸易政策,而是公平贸易政策。

自由贸易只有当贸易双方在工人工资水平和环境标准大致相当的条件下才是合适的。在双方条件差距悬殊的情况下,将采用社会主义保护政策。市场社会主义的公平贸易政策基于两个方面,一是保护本国工人免于过度竞争;二是减轻全球贫困。至于公平贸易下的社会主义信念是道德信念,也就是人们不应当从他人更廉价的劳动力中获利,也不应当为他人廉价的劳动所害。在经济民主模式中,采取社会关税的手段来保证贸易的公平。

5.3.2.2 社会关税理论的补偿机制

市场社会主义提倡公平贸易,反对穷国消耗资源为富国生产消费品。鼓励穷国的更多资源为本地所用。但是落后国家的资本缺乏、技术发展水平低,加上先进国家对技术的垄断迫使落后国家以资源换取资金,再以资金获得经济发展的技术。面对这一困境,解决落后国家的资本短缺问题,市场社会主义者从社会主义的保护主义的讨论中得到灵感，提出了社会关税理论。

社会关税指的是对进口的商品所征收的税，目的是补贴商品环境成本、低工资或者社会福利和工人健康等。❶而且，所有的关税收益都将返还给原产国。社会关税鼓励对社会有益的竞争，收取的社会关税相当于穷国商品所包含的比富国生产同样商品消耗更多劳动；同时限制带来社会损害的竞争，防止了国内产业面临社会不愿看到的竞争形势出现，富国的消费必须对进口的商品付"公平的价格"，以免造成他们自己的工人降低工资的竞争，并帮助减轻全球的贫穷。

由于社会关税的存在，这种进口的高价格可能会降低来自穷国的进口商品的消费，在转型期内它将逆向影响在这些国家工作的工人们，但高价格及与之相伴的关税回返，在总体上有助于减少穷国用它们的资源为富国生产消费商品，促使更多的资源为本地所用，长期的结果对富国和穷国都有益处。

经济民主是一种竞争的市场经济，但它不是一种自由贸易经济，它将在发展水平相同的国家间从事自由贸易，在穷国和富国之间实行公平贸易。在经济民主制度下的消费者，为消费商品付出了更高的价格，也部分减轻了全球的贫困，关税返还，也应直接交给穷国的那些能更有效地专注于贫困问题和环境恶化问题的代理组织、最有效的国家代理机构、工会、环保组织及其他相关的非政府组织。

---

❶ PALLEY T. Plenty of nothing : the downsizing of the American dream and the case for structural Keynesianism，princeton [M]. New Jersey : Princeton University Press，1998 : 172.

第6章
当代市场社会主义分配理论的评价

第 6 章 ◎ 当代市场社会主义分配理论的评价

分配理论既是社会价值追求的体现，也是审视、评价社会的一种思维范式。市场社会主义是当下重要的一支社会主义思潮和流派，在发达资本主义国家内部成长起来，试图在传统社会主义与市场资本主义之间寻找一条实现社会主义价值追求和维持经济增长效率的道路。它虽然没有其描述中的那么完美，但也并不是一无是处。当代市场社会主义的主流理论家深受西方价值观的影响，理论构想也大多是在现有资本主义制度的基础上进行改良，这就决定了我们应该批判性地借鉴市场社会主义在分配中的理论观点。因此，我们要肯定当代西方的市场社会主义的分配理论贡献，还要充分把握其理论的不足，去其糟粕，取其精华，为我国的社会主义市场提供更好的经济分配理论。

6.1 当代市场社会主义分配理论评析

6.1.1 当代市场社会主义的分配正义的内涵

6.1.1.1 分配正义的内涵

分配正义是一个具体的相对性的概念，在不同的历史阶段有不同的含义，不同角度也有不同的意义。分配正义最初理解就是公平的分配结果。分配正义在我国古代已出现相关表述,"大同"社会的理想就是在社会中追求无差别、无阶级区分、经济利益相等、政治地位一样、机会均等、均享社会利益与责任的思想。随着市场经济的发展,人们认识到起点平等和过程平等对于社会经济效率和秩序的重要性,逐渐形成了对分配正义的另一种理解,即分配正义主要是指分配原则和方式的公平,并肯定分配结果的不平等、有差别是必然的、合理的。

分配正义具体到经济、政治、伦理等方面也有具体含义。经济上来说,分配正义指的是在经济活动前,每一位公民都拥有同样的机会来支配社会的稀缺资源;在经济活动过程中,竞争的过程是平等的;经济活动后,每个人所做的贡献都有平等的效用。政治上来说,分配正义指的是所有人或者至少是一个国家内的全部公民,或者社会的全部成员,应当拥有同样的社会地位和政治地位。伦理上讲,分配正义是指每个人平等地享有社会基本价值,机会、自由、财富、荣誉、自尊等道德要求和伦理关系靠人们的自觉行动来维护。人们的内心深处形成的正义意识是维系该种道德关系的心理基础,也是评价社会是否公平的标准。在这个意义上,伦理层面的分配正义与经济和政治上的分配正义不一样,经济和政治上的分配正义并不是自发形成的,是在各种政治经济力量的角逐中形成的,需要强制力来维系。

6.1.1.2 效率与分配正义价值取向

分配正义跟经济效率两者之间的关系,在本质上是经济利益的生产和分配的关系。分配正义意味着合理的经济利益分配,而经济效率则意味着创造生产经济效益,两者都是衡量经济进步的关键尺度,同样也都是经济发展的最基本的推动力。合理公平的利益分配可以调动利益生产者的创造性和积极性,稳定经济秩序,有利于实现人们长远利益,还可增加利益生产总量。就两者之间的关系来讲,分配正义可从政治、伦理和经济等各个方面进行诠释,不同情况下,经济效率和分配正义的关系也不尽相同。

初次分配下的公平问题,本质上为公平和效率两者关系的问题。公平和效率是人们始终如一追求的经济目标,亦为促进发展社会经济的中坚力量,但这两个目标同时也成为当下经济社会选择的难题。约翰·罗默支持使用利益补偿的政策解决因自身不可控的问题所引发的不平等问题,实现平等最重要的就是实现

"最小值最大化"（即处于最为不利处境的群体的利益最大化）❶。约翰·罗默的正义理论包含机会的平等、最不利群体的利益补偿原则及个人努力，这些理论将正义由抽象的概念提升为具体的措施。在约翰·罗默的理论中，现代资本主义社会中劳动收入为不平等收入的关键性根源。所以不但要在平等的基础上重新分配利润收入，还必须采取政策（利益补偿）减少劳动收入差异。约翰·罗默的利益补偿原则在政策上表现为两个方面，第一，为机会平等基础上的教育平等，特别是加强家庭贫困孩子的教育，通过教育来让这些贫困孩子获得足够的技能，从而具备更强的劳动竞争力。第二，对高收入的人群征收高额税率。大公司的总裁、著名演员、知名运动员等高收入人群的高收入是市场决定的，它是市场良好运行的表现而不是市场失灵。但在市场竞争作用下，这类人群所得收入远远高出了他们的劳动所得，所以要征收重税。

6.1.1.3 市场社会主义的分配正义

（1）以机会平等为基础的分配正义。平等是市场社会主义者所倡导的核心价值，平等的首要含义是机会平等，正义在于机会平等。约翰·罗默在1988年出版的《在自由中丧失：马克思主义经济哲学导论》一书中，得出了以收入分配（即福利）平等来实现社会平等目标的结论，在此后的时间里，约翰·罗默将精力放到了分配正义的研究上。约翰·罗默认为，平等主义是社会主义的目标，资本主义的不公正不在于是否存在剥削问题，而是在于它没有能够提供平等的机会，正义就是要求机会平等，"社会主义唯一正确的伦理学论据是一种平等主义的论据"❷。在《社会主义的未来中》约翰·罗默认为，机会平等涵盖以下三个领域：自我实现和福利、政治影响、社会地位。社会主义应该在这三个方面为社会成员提供平等的机会，对那些获得最少机会的人给予最大化的机会平等。

戴维·米勒在《平等与市场社会主义》中，将市场社会主义追求的目标定义为"社会平等"，而不是简单的物质平等。社会的平等不是体现在分配物质上，它确定的是人们相互平等对待的社会理想，而不直接进行资源或者权利的任何分配。它的含义是：机会平等，即"工作、职务和其他有利的职位应该属于那些以自己的努力和个人才能证明他们是最适合担当此任的人"，"每个人都有塑造自己

---

❶ ROEMER J E. Market socialism: the current debate [M]. New York: Oxford University Press, 1993: 26.
❷ 罗默. 社会主义的未来 [M]. 2版. 张金鉴, 徐崇温, 余文烈, 等译. 重庆: 重庆出版社, 2011: 16.

的机会"❶。戴维·米勒勾勒的分配性平等主张是社会地位的平等,即公民必须具有平等的投票权利、平等的福利权利等。

在约翰·罗默看来,机会均等背后的哲学寓意是个人不应该对他们的境遇负责;从道德上讲,他们应该对各自的努力程度负责,应该根据人们努力的程度来决定个人获得福利的多少,即平等是指努力程度相等的人获得相等的回报,从而保证个人拥有"公平的竞争环境"。个人不能控制的外部环境不仅影响到其努力的程度,而且影响到其最终能够达到的福利水平,因此一个机会均等的政策,必须使那些由于无法控制的因素造成的结果均等化。平等是政治哲学最基本的范畴。约翰·罗默的机会平等概念意味着社会为个人创造一个"公平的竞争环境",不要让环境等偶然因素影响到个人发展;如果存在环境因素引起的不利结果,那么社会要通过政策进行资源补偿;要做大蛋糕、切好蛋糕,并使更多的人有机会分到蛋糕。在当代市场社会主义分配理论中,机会平等,在非常普遍的意义上,就是要求对那些由于自身无法控制的因素引起不利条件的人给予补偿,这些不利条件不是由这些人自身造成的,而是由他们自身无法控制的因素造成的。所以在市场社会主义中,尽管个人的收入分配存在差异化,但是由于市场社会主义中所有的收入都是劳动收入,这种收入上的不平等并不影响社会平等目标的实现。市场社会主义实现了三种平等:最低收入的平等,平等的利用投资分配机构的资本,以及通过合作制度和生产性资源社会所有制的优点限制市场产生的不平等以实现接近资本的平等、竞争起点的平等、社会地位和权力的平等、接受教育的平等。

(2)以应得正义为主要内涵的分配正义。分配正义是一种应得正义。分配中的应得则涉及等级间所应有的比例差距及功过的程度,用一句话来概括"应得"的内涵:平等对待平等,以及按其固有的不平等对待不平等❷。与罗尔斯对差别的原则不同,约翰·罗默重新把"应得"这一概念用到市场社会主义分配理论之中,他认为正义便是给人们应该得到的,公平意味着努力程度相等的人获得相等的回报。简单地说,应得原则是指人们在经济生活中凭借自己的努力和贡献获得相应的收入分配。约翰·罗默的平等原则是在保证为个人竞争创造一个公平

---

❶ MILLER D. Equality and market socialism [M]. New York: Oxford University Press, 1993: 300.

❷ 阿德勒. 正义六大观念:真、善、美、自由、平等 [M]. 陈珠泉,杨建国,译. 北京:团结出版社,1992:196.

的竞争环境之后，根据个人自身努力程度来决定各自所能得到的回报。付出相同程度努力的主体应对结果负有相同的责任；既然他们的责任相同，他们得到的回报应该是平等的。个人对自身行为负责在道德上是正确的事情。如果个人自由地选择如何主导自己的生活，那么他们必须为这些选择负责，否则自由就是空洞的概念。因此，个人做出自主选择后，社会就不需要为个人坏的结果埋单。在约翰·罗默看来，大多数人对于机会平等原则达成了一定共识，那就是在某种程度上优势的实现，个人是负有一定的责任的，不管这个优势是公平的教育环境、健康、雇用地位、收入或者是经济学家所说的效用或者福利。应得是正义最核心的理念，约翰·罗默分配正义内涵的一个重要方面即应得正义。在马克思主义理论中，劳动时间是衡量劳动价值的尺度，价值的体现是通过个人与社会劳动时间两方面来体现的。在对努力程度衡量时，约翰·罗默采用了独特视角和方法，通过充分地考虑处在同一环境下的不同个体的具体情况来算出个人的应得回报，使用具体数字来表示个人努力的程度，若使用 F、G 分别表示不同的两个人，在他们的各自归属群体里，分别为 30% 和 50% 的收入获得能力，如此，我们便称 G 付出的努力更多。说明境遇同等下，付出努力多的人优势更明显。若两者在其所属不同人群里收入获得能力均为 50%，那我们称他们付出了同样的努力。约翰·罗默称这种假设也是有意义的，这是因为它摒除了运气成分对人利益的影响。约翰·罗默的努力程度权衡方法是值得我们去学习借鉴的。但是，按照贡献分配来分析，它存在的缺陷是因为个体主观因素造成的能力差异导致的不公平结果分配。这就需要进行补偿来矫正贡献分配的不公正性。

（3）以利益补偿为主要机制的分配正义。分配正义意味着要对弱势群体进行利益补偿。对最少受惠者的偏爱无疑是罗尔斯正义理论的一大特色，也为其他平等主义者所继承，约翰·罗默认为分配正义即意味着要照顾弱势群体的利益。他曾提出"补偿教育"计划，主张对处于弱势地位的孩子投入更多的补偿教育资金。从某种程度上，约翰·罗默的分配正义理论是对罗尔斯理论的修正、补充和完善。两者的共同之处在于都认为正义要照顾到弱势群体的利益，区别则在于约翰·罗默修正了罗尔斯差别原则中的个人责任缺失问题，较为清晰地确定了罗尔斯模糊不清的"最不利群体"概念。机会平等原则和关注社会分配中的"最不利者"的差别原则是罗尔斯正义理论的重要创新。它所强调的社会经济的不平等必须有利于社会中处境最不利的成员，具有很重要的现实价值。差别原则使得罗尔斯的正义理论与极端自由主义和激进平等主义划清了界限，而且这一命题直指当代社会的一个重大问题，即建立在市场经济制度下的现代民主社会，如何减小越来越大的社会差距。约翰·罗默在认同差别原则的同时，也认为罗尔斯的差别原则存在缺陷，表现为"最不利群体"这个概念模糊不清、不易操作，不能适用于具体的福利问题。约翰·罗默认为自己真正确定了"最不利群体"这个概念。所谓"最不利群体"主要是指因为环境的关系（而不是因为努力程度的关系）而陷入相对贫穷和不利状况的群体。约翰·罗默根据环境向量（性别、种族、职业和年龄）把人群分成不同的类别。将不利群体类型化无疑是约翰·罗默理论的一个特色。约翰·罗默还采用了"折中主义"分配伦理[1]对罗尔斯最不利群体利益最大化的主张进行改造，采用最大化最不利群体的平均收益的办法而不是像罗尔斯一样最大化最不利群体的底线收益。约翰·罗默认为这样的政策既照顾到最不利群体的利益，也考虑到个人责任的因素，比较公正合理。如果说应得原则充分保证经济效率，那么补偿原则更加关注平等（公平）。平等可以分为形式上的平等与实质上的平等。形式上的平等是要求为公民追求自己的利益、自我发展与自我完善提供平等的机会和条件即机会平等，由于人们存在自然天赋和社会条件方面的差异，机会的平等可能会导致事实上的不平等，因而社会有责任对弱势人群给予足够的人道关注和分配倾斜，应当拿出一部分经济发展的成果对社会弱势群体进行补偿，以增强社会弱势阶层利用和把握机会的能力。

　　罗尔斯支持最不利群体最大利益化，市场社会主义中的机会平等亦支持补偿最不利人群孩子的教育以促进他们的进步，让大多数的弱势孩子都可获得社会竞争必要技能，如此，他们才可跟那些出身背景好的人一起公平竞争。有学者称，现代社会的分配正义就是对弱势群体的生存关注和对强者的意志约束。关心弱势人群，关注他们的就业权、社会保障权、受教育权、生存权，这就是正义。分配要关注弱势人群的根本利益，补偿因无法控制因素而给他们造成的损害，追求实质上的平等。

　　伴随时代发展，公正也越来越应被重视。当代市场社会主义的分配理论继承了社会主义关于实行收入的公平分配的传统，在理论上以新自由主义的经济理论为基础，并且结合传统社会主义的某些主张进行综合。借鉴当今社会主义正义

---

[1] ROEMER J E. Equality of opportunity [M]. Cambridge: Harvard University Press, 1998: 31.

理论，当代社会主义主张初次分配要追求机会平等、应得原则等，要对不利因素造成的后果进行补偿，落实公平政策。在分配正义中，经济的发展与分配原则的实现不是目的，其最终目标是实现人类的自由而全面发展。所以，初次分配的正义原则最终目的就是实现公平分配，让所有人都可享受到发展成果，都过上自由而有尊严的幸福生活。

6.1.2 分配结构主要涉及劳动者和企业，以追求个人收入为重点

公有制是实现收入分配公平分配的基础。在全社会范围内平等地分配企业利润是实现公平分配的内容。

分配结构涉及利益主体，是利益主体之间在分配过程中所结成的一定较为稳定的联系或关系的综合。在不同的社会经济制度中，利益主体之间关系的组合方式也是不同的。不同的分配结构产生不同分配效率的分配功能。虽然当前市场各种模式都有不同的分配设计方案，而国民的收入分配主要倾向于劳动者和公民，拥有大部分收入的则是个体社会成员。社会成员的收入一般来说由两部分组成：一是按劳动获取的工资；二是股息、利息等资本收入。企业扣除工资等生产成本之后的生产利润作为社会红利在社会成员之间进行平等的再分配。对于这一部分经济剩余，不同的模式有着不同的标准，约翰·罗默认为应将社会红利完全平等的分配，詹姆斯·扬克、戴维·施韦卡特和阿贝尔等则是根据劳动收入按比例分配。劳动者参与经济剩余的分配，经济剩余归劳动者所有，当代市场社会主义在国民收入分配中普遍把重点放在个人或家庭收入的平等上。

在全社会范围内平等地分配企业利润是实现公平分配的内容。当代市场社会主义者认为，资本主义社会的分配严重不公平主要表现在企业利润分配这一层面，劳动者获得工资收入无权分享企业利润，因此市场社会主义在实现收入的公平分配的制度设计中，最关键的一点就是实现企业利润在劳动者中公平分配。这一点与我国理论界对社会主义分配理论的研究不同。我们国家的学者一般以分配方式和分配原则，也就是说比较重视是按劳动价值还是按劳动量进行分配，是按生产要素分配还是按劳分配，它们之间的关系是什么。

6.1.3 强调按劳分配，效率和公平统一

分配形式表明分配的依据和具体尺度，实现公平与效率的统一是当代市场社会主义的分配原则和分配依据。效率与公平的统一体现在公平不损害效率，效率以公平为前提。市场社会主义分配的首要任务是"既要考虑效率，又要考虑平等"[1]。当代市场社会主义和不完善的资本主义相比，要更具进步空间和收入平等的程度更高，剩余公司收益在纳息纳税发完工人薪水之后，应平等分配。

市场社会主义均等分配原则，在很多模式中都充分被体现出来。在巴德汉、詹姆斯·扬克、托马斯·韦斯科夫和约翰·罗默等的理论中，社会个人的收入有证券收入、劳动收入和社会分红，如此便可保证较高更加合理的社会或者企业分配平等。当然，平等分配不是平均分配。市场经济并不能让社会完全公平，不同个人家庭不同，天赋也不一样，生存环境也不尽相同，这些因素也会导致社会地位和收入的不平等。这种收入差别是合理的，在相同情况下，个人付出的努力理应获得更多报酬，这种有限度的差别与社会主义平等价值目标并不矛盾。劳动是个人收入的唯一来源。当代市场社会主义坚持分配的平等原则，而且相对于传统社会主义和之前的市场社会主义理论，为了更好地发挥市场机制，收入差距将在更大范围内存在。不存在绝对的平等分配，只要还有劳动市场，人们能力和教育水平有差异，工资就不可能实现收入平等。而且在选择公有制实现形式的问题上，判断某种形式是否可行的重要标准是资源能否实现有效配置。

当代市场社会主义重点强调机会均等，尤其是对市场机制效率作用的强调，劳动者的收入分配是平等而非平均的，他们的工资根据他们的劳动能力来定，工资存在差别，而劳动者还必须承担必要的市场风险，才可保障市场应有效率。

6.1.4 以公有制为基础、民主控制与市场化相结合的分配制度

分配制度即分配的具体规则和秩序。公有制是实现公平分配的前提。当代市场社会主义市场的分配结果必然会存在差异，因此，对市场的分配机制进行干预是必要的，通过民主控制的方式使市场分配趋于合理。

---

[1] 罗默. 社会主义的未来 [M]. 2版. 张金鉴, 徐崇温, 余文烈, 等译. 重庆：重庆出版社, 2011：2.

分配的民主控制在劳动者自我管理型市场社会主义模式中体现得尤为明显。在这一类模式中，企业的利润全部归企业员工享有，利润的分配方式由全体员工以民主的方式决定。具体措施中，约翰·罗默提出了"虚拟证券市场的社会主义"模式，托马斯·韦斯科夫提出了"民主自治的市场社会主义"模式，詹姆斯·扬克则提出了"实用的市场社会主义"模式。在"虚拟证券市场的社会主义"的模式中，每一个成年公民凭政府发放的息票购买公司股票，获得股息，通过这种方式社会成员平等的分享经济剩余。同样，在"民主自治的市场社会主义"模式中，每一个社会成员都会获得等量的共同基金股票，资本的所有权被分散到了每一个公民手中，公民可进行同类股票间的交换，以增加更多价值。约翰·罗默和托马斯·韦斯科夫都规定，不能使用货币购买股票，以确保每一个公民的资本所有权不被剥夺。在戴维·米勒的"合作制的市场社会主义"的模式中，合作社是主要的企业形式，社员即工人，合作社实行工人的民主管理；为区别出社会成员对经济发展做出贡献的程度，合作社的内部成员经济收入并不平等，工资差别依然存在。

为了保证将收入差距控制在一定范围之内，充分发挥民主控制的作用，各类理论模式还专门设计出了很有特点的分配平等保障措施和机构，以促进更平等地进行收入分配。

6.2 同传统市场社会主义和马克思主义分配理论的比较

6.2.1 和传统的市场社会主义分配理论对比分析

当代市场社会主义以20世纪80年代英国工党政治变革引发的英国左翼知识界的理论突破为发端，在此之前的各种市场社会主义模式都是试图在宏观计划经济下或是模拟市场或是实行计划市场二元机制，这些模式统称为传统市场社会主义模式。传统市场社会主义模式根据对市场的利用程度不同，可以分为计划模拟市场的市场社会主义和分权模式的市场社会主义。同传统市场社会主义相比，当代市场社会主义的分配理论在市场作用、公平的价值、公有制的构成方面有其自身特点。

6.2.1.1 当代市场社会主义强调市场分配

当代市场社会主义和早期的市场社会主义都支持市场经济和计划经济相融合，而在经济活动中，市场经济地位从本质上就不相同。

（1）早期的市场社会主义理论模式里，市场作用不大，只是辅助调节经济的手段。兰格模式最突出特点便是仅仅存在劳动力和消费品，并没有实际意义上的生产资料相关市场，它只由国家中央部门来承担，通过试错法来解答获取价格，市场也只是作为补充计划经济的一部分。在东欧国家，进行分权模式改革，也就是市场和计划分权。和兰格模式相比，这种分权形式进步性更好，表现为将真正的竞争市场纳入计划经济当中，而不是单纯地模拟，然而严格来说，分权形式依旧只是一种主导计划形式，市场也同样被当作补充计划经济的手段之一。

（2）和分权形式及计划模拟形式两种市场社会主义都不一样，20世纪90年代之后，市场社会主义推崇的基本都是直接吸纳市场体制，特别注重充分发挥出市场体制的资源配置功能。计划模拟理论模式则采用计划主导的经济机制，戴维·米勒说过，东欧的共产主义崩溃后，促成了是否在发达社会中存在能否被普遍认可的其他社会主义形式的热烈讨论。戴维·米勒为证实社会主义的需求市场，提出了三点：市场能提供给人们更好更多物质福利，可提供给人们更多自由和权利，可促进民主的发展。约翰·罗默认为，必须借助市场角逐的策略来促进社会主义市场的经济发展效率，进而才可创造更多更丰富的财富。

6.2.1.2 分配中公平比效率更具价值

早期的市场社会主义基础是传统社会主义，它探讨了怎样充分利用市场来发展经济，重点是效率。从历史上看，东欧国家是早期市场社会主义的主要实践者，这些国家深受苏联社会主义模式的影响，理论源自马克思主义理论。尽管这些社会主义国家在对公平的理解上陷入了平均主义的误区，但在实现公平问题上，其表现要优于资本主义国家。从实践上看，传统的社会主义建立基础均为苏联社会主义传统模式，虽然短期内可收获很大进步，而伴随经济发展，密集高速的政治经济越发暴露弊端,这严重扰乱了传统社会主义地区和国家的经济发展,其经济发展的效率远远低于资本主义国家。所以,效率第一符合经济发展现实和历史。

当代市场社会主义认为,在效率与平等的结合上,市场社会主义比市场资本主义和计划社会主义都优越,并且在实现效率的基础上,更加突出平等,以实现超越资本主义的社会主义目标。巴德汉认为,在市场社会主义社会,将更多地关注诸如教育、医疗、环境保护等社会需求,经济剩余也将以社会红利形式在公民中大体平等分配,将使资本主义社会中那种少数富有者利用经济权力控制政治过程的现象消失,有利于实现民主政治。约翰·罗默在其《社会主义的未来》中指出,"这本小册子的任务是提出和捍卫一种把市场机制的力量和社会主义的力量结合起来的新模式。这种新模式既要考虑效率,又要考虑平等"。约翰·罗默的分配模式的目标是使公民在收入分配上更加平等,是财富不致集中在一小部分人的手中,实质上,这只是某种资本主义改良方案,与社会民主党的一些主张没有根本区别,在这一点上,约翰·罗默本人也是有所意识的,他把市场社会主义只看作"彻底实现的社会主义"之前"纠正资本主义的一些弊端"的过渡性阶段。

6.2.1.3 公有制是实现收入分配公平分配的基础

20世纪90年代以前的市场社会主义理论是在公有制条件下,试图在某种程度上,利用市场进行资源有效配置以发展社会主义经济,与此不同,当代市场社会主义理论则在新的历史条件下,试图证明市场与公有制的有机结合在效率和平等上的双重吸引力而为生产资料公有制辩护。公有制是实现收入公平分配的基础。詹姆斯·扬克主张将资本的个人所有转化为公共所有,约翰·罗默主张建立以息票为基础的公有经济,戴维·施韦卡特主张建立以社会占有生产资料为基础的企业自治,阿贝尔主张劳资合伙制,都表明了新市场社会主义理论坚持公有制是社会主义的基础,是解决收入分配不公平的前提。

6.2.2 同马克思主义分配理论模式的比较

6.2.2.1 公平与效率兼顾的分配目标

效率和公平统一的实现是当代市场社会主义的基本出发点。在市场社会主义社会，巴德汉更注重医疗、环保、教育等诸多社会需求，剩余经济亦会作为社会福利公平分发给百姓，那种资本主义形式中，少数人占取多数福利的问题将不再有，从而利于民主政治的完成。约翰·罗默在《社会主义的未来》中指出："对利润的分配如果做得恰当，对经济效率几乎没有或根本没有有害影响，这本小册子的具体任务就是提出一些使这种利润再分配能够实施的方法。"❶当代市场社会主义是一种新的分配形式，即融合社会主义力量和市场体制以推动经济进步平等分配，它不但注重平等，还注重效率。

6.2.2.2 基于"激励"视角的分配理论

当代市场社会主义分配理论是以激励政策为基础的，这种新的分配理念较之从前，已经有了大的突破，不但表现为其广泛地引进了旧模式中舍弃或者忽略的各类关于实现社会的不完整性和不确定性的因素，还体现在其理论重点关注了个人薪资制度和激励政策的具体实现。而且此类分配形式与马克思主义分配制度相比，更贴近具体的经济运行层面，更加现实地揭示出个人收入的分配决定机制和个人收入的分配对经济运行中的效率影响。

6.2.2.3 改良主义主张

如何在发达资本主义国家实行社会主义分配方案一直以来都是当代市场社会主义者研究的重要任务和目标，但是各种理论模式的分配方案都是在探讨如何在不通过暴力革命的条件下，在分配结果上，体现社会主义价值目标；在实现方式上，通过政府推动财产权利的变更，为实现公平分配创造条件。

6.2.3 同我国分配理论的比较

我国和当代市场社会主义经济实现经济价值目标的路径相似，在分配模式上却差别很大。

6.2.3.1 效率与公平的优先顺序不同

当代市场社会主义分配试图通过充分利用现有的资本主义条件，通过推进

---

❶ 罗默. 社会主义的未来 [M]. 2 版. 张金鉴，徐崇温，余文烈，等译. 重庆：重庆出版社，2011：4.

经济关系改良的方式来实现分配平等，分配平等是构建当代市场社会主义分配理论的首要任务。在各类市场社会主义分配模式中的收入分配的平等原则得到了充分的展现。

当代市场社会主义各种分配模式的共同目标都是在企业中或者全社会实现比较高的平等分配。当然，这种平等并不是绝对的均等，一定程度的不违背社会稳定基线的收入差别在当代市场社会主义是可以存在的。我国的社会主义市场经济模式，在分配中历来重视效率。党的十八大报告指出，初次分配和再分配都要兼顾效率和公平，再分配更加注重公平。但在此之前，中国社会主义市场经济分配原则为兼顾公平、效率优先。初次分配侧重效率优先，融合诸多激励方式促进经济活动活跃性，以创收社会财富等；二次分配兼顾公平，通过各类保障制度使收入分配趋向合理，保障社会的公平正义。

6.2.3.2 市场在分配中的地位不同

当代市场社会主义认为，资本主义的收入分配状况反映了市场在分配中的缺陷，因此，为了保障分配的平等正义，需要对分配进行干预，使分配更加合理化。干预分配的主要方式是民主控制，也就是按照集体意愿来分配经济剩余。戴维·施韦卡特的经济民主社会主义、约翰·罗默推行的"虚拟证券市场的社会主义"形式、伊藤诚的民主、分权形式、韦斯科夫指出的民主自治的形式等，都在各种程度上阐明了民主控制的分配理论，设计了各种保障分配平等的机构和措施，来实现分配的平等。社会主义市场经济效率优先的原则决定了市场在分配中的基础性地位，市场决定初次分配是我国社会主义初级阶段处理分配问题的基本政策。

6.2.3.3 国家、企业和个人的分配关系均不同

虽然当代市场社会主义的各类分配模式的设计方案均有利弊，但在分配结构中，都倾向于个体社会成员。劳动者参与经济剩余的分配，经济剩余归劳动者所有。在詹姆斯·扬克推行的实用市场社会主义模式中，此点表现尤为显著。在当代市场社会主义中国民收入的分配重点是家庭或者个人收入的公平平等，95%以上的公共所有局管理下的收入都要以社会福利形式平等分发给社会全体人员。在我们国家的经济形式下，按劳分配为主，多种分配形式并存，坚持了基本社会

主义分配原则，为多种所有制的共同发展提供了良好的动力机制和与市场体制。在这一制度下的国民收入分配中，要兼顾国家、企业、个人三者之间的利益。社会主义市场经济同时强调要正确处理国家、企业、个人之间的分配关系。企业根据它的信息、资本、管理和技术等各类生产要素参与国民的收入分配，为保障国家的财政收支不受影响，国家的财政收入在国民生产总值里亦占据很大的比重。

6.3 当代市场社会主义分配理论局限性

6.3.1 当代市场社会主义分配理论的空想性和改良性

当代市场社会主义对马克思主义进行了丰富的发展，但它作为替代资本主义的改良方案，对如何实现这一设想缺乏具体的操作程序和明确的社会力量支持，不免具有空想色彩。

6.3.1.1 强制改变资本私人所有制具有空想性

当代市场社会主义对资本主义的批评集中在私人控制绝大多数的资本，这导致社会分配严重不平等。因此，要把当前制度下的私人控制资本的收益所有权转接至一个国家的公共所有的相关机构。在实用的市场社会主义模式中，社会化就是对影响到财产收益权的私人资本分布结构进行改革，反映在现实中，就是这种资本所有权进行公有化。其对象为：非劳动所得的、私人所有的、产生非劳动收入的产权资本，如债券、股票和证券等。这里出现的问题是，把私人所有权资本归公仅能在理论上实现，但实际上并没有一个可以供人们参考实行的有效方案。在资本主义为私人所有的状况下，如何推动完成社会化，是首要面临的问题。这一理论忽视了社会化实现的方法，从假设直接跳到了社会化完成。缺乏强有力的政治制度和社会力量做保障而让既得利益团体放弃资本所有权积极投身到实现社会化活动中去，如私人资本归公、资本家舍弃资本收益等，这都是不可能实现的。而完不成社会化，其后的设想便都成了纸上谈兵。另外，詹姆斯·扬克在对公有制进行改造的理论构想中认为,要取消包括政府债券、股票、证券及其他的资本利息利益,如银行存息等。詹姆斯·扬克提出的模式中,如何改造股票、国债及其他的资本利息性收入等亦成了又一难题。

6.3.1.2 脱离公有制的平等与民主难以实现

当代市场社会主义者很少主张"国有经济",主张采用劳动合作组织形式的"雇佣资本",突出分配平等要求或福利共享。传统市场社会主义认为生产资料公有制,尤其是国家所有制与社会主义具有内在的联系,生产资料公有制的实现意味着社会主义的实现。而当代市场社会主义者却认为,生产资料公有制只是实现社会主义目的的一种手段,生产资料公有制的实现不等于社会主义的实现。索尔·埃斯特林和尤里安·勒·格兰德指出:"市场社会主义者在区分目的与手段时,常是马虎和疏忽的。社会主义有一整套界定完整、阐述精辟的目的,如其中有防止强者对弱者的剥削,实现收入、福利、地位和权力等方面的较大的平等,以及满足基本需要。然而,很多社会主义者却将上述目的与某些特定的手段相混淆,如生产资料公有或资源配置中央计划等,这些手段于此变成了目的本身。因此,社会主义被认为是通过计划实现较大平等或通过工业国有化消灭剥削的。"[1]约翰·罗默批判了把社会主义等同于公有制,特别是等同于国有制的观点:"看公有制是否如社会主义运动中一直认为的那样,是一种政治经济制度中实现社会主义者需要的东西所必不可少的。笔者认为答案是否定的,尤其是,由国家直接控制企业对社会主义的目标来说是不必要的,在垄断的情况下,这样做是有害的。对待财产关系上,社会主义者应该是折中主义者:可能有许多所有制形式比传统的生产资料国家所有制形式更服从于社会主义的目标。"[2]在约翰·罗默看来,公有制对社会主义来说不是必不可少的。戴维·施韦卡特认为,公有制的实现不等于民主的实现,他把社会主义定义为"直接生产者控制经济的社会",以苏联为例,苏联虽然实现了生产资料公有制,但由于实行的是国家所有制及中央计划经济,工人的民主权利实际上并没有得到保证。

当代市场社会主义者在公有制与社会主义关系问题上的态度是一致的:把公有制的实现与社会主义目的的实现相剥离,进而把公有制排除在社会主义的目

---

[1] 埃斯特林,格兰德. 市场社会主义 [M]. 邓正来,等译. 北京:经济日报出版社,1993:2.
[2] 罗默. 社会主义的未来 [M]. 2版. 张金鉴,徐崇温,余文烈,等译. 重庆:重庆出版社,2011:5.

的之外。当代市场社会主义者割裂了社会主义与公有制之间的内在联系，把社会主义的本质界定为平等和民主这一抽象观念。然而，人类社会发展的客观过程证明，从来不存在抽象的一般的平等和民主，它们是一个不断变更其内容的历史现象。所以，当代市场社会主义脱离开生产资料的公有制基础抽象地谈论平等和民主，是根本实现不了的，这也决定了当代市场社会主义者的主张空洞缺乏实践意义。

6.3.1.3 具有"乌托邦"性质的社会理论

所谓"乌托邦"不仅是一个理想主义的蓝图问题，而且是手段上的一个问题。在资产阶级的上层建筑和意识形态占统治地位的资本主义社会，作为一种实现社会主义的主张，当代西方市场社会主义是无法被统治阶级所接受的。"如果一种关于未来理想社会形态的理论不是乌托邦，它所主张的这种新的社会形态就不应该是头脑的产物，它必须发轫于现代生产方式和交易方式的矛盾运动，理论必须能够解释出这种新的社会形态是怎样从旧社会的母体中孕育而生或脱胎换骨的；它还必须能指明实现这种理想社会的物质力量，必须解决由此及彼的路径问题和手段问题。"❶ 市场社会主义分配理论脱离实践。当代西方市场社会主义者虽然为实现平等有效率的分配设计了各种美好的蓝图，但始终没有对从资本主义如何过渡到社会主义做出可行性的论述，没有寻找到实现这些价值的有效途径。这正是当代西方市场社会主义分配理论的根本缺陷：它不能正确地说明其分配理论如何实践和由谁来实践其理想。市场社会主义最为人所诟病的地方也正是这一点，民主只是空想的民主，公平也只是空想的公平，到底行不行得通，无人可知。市场社会主义理论与实践的严重脱节，既使得它的部分理论脱离实际，可行性让人怀疑，又使得理论的发展严重受阻，只能单纯依靠抽象思维发展理论，而得不到来自实践的反作用。

6.3.2 缺乏细致的制度设计

6.3.2.1 红利的分配问题

在当代市场社会主义中，个人的收入包括按劳分配的工资和平均分配的社

---

❶ 吴宇晖. 市场社会主义——世纪之交的回眸 [M]. 北京：经济科学出版社，2000：170.

会红利。在红利分配问题上，詹姆斯·扬克对此问题的分析比较典型，社会成员根据其个人的劳动收入按比例享受社会红利，退休人员通过退休金数额或者其他形式进行红利的分配。当然，此种制度也存在很多问题亟待明确。

在詹姆斯·扬克看来，必须采用一种有效的平衡方式，把公有企业部分利润进行平均分配发给社会成员。这里的社会成员该如何界定？以中国的国情来分析，对弱势人群，失业和下岗工人、农民与进城务工人员、精神病患者、部分妇女老人儿童、残障伤残人士、没有劳动能力的或者不参加社会劳动的社会成员如何实施红利分配，是否发放红利，而发放标准又如何规定。现有弱势群体，如进城务工人员很难通过劳动收入（工资和薪金）就他们对社会做出的贡献进行评判；而同样的问题又出现在企业家阶层，实用市场社会主义理论强调社会分配的公平，虽然企业家并非像资本家一样仅仅靠资本收益赚取利润，但企业家在某种程度上，属于社会地位和收入分配的顶端阶层，如何对他们的劳动收入进行定性定量，社会红利分是不分。如何对社会成员这个概念进行细分，以更好地进行公平分配，又是摆在实用市场社会主义面前的一个问题。同时，工资与薪金有时并不能与个人的社会劳动成正比，仅仅以劳动收入（工资和薪金）作为社会红利的分配标准是否太过单一和草率，成为实用市场社会主义的另一个问题。

6.3.2.2 公共机构监督和管理

公共所有局在实用市场社会主义下被分成两级机构。第一级是中央机构。它的责任是负责接受公有企业上缴的利润，然后对社会红利进行分配，以及根据企业数据评估企业经营运作情况，以此来决定企业经理的任免。第二级机构由一批代理人组成。第二级机构分散在地方，每一个地方机构由 10～15 个代理人组成。代理人从有丰富企业管理经验的人员中选出。每个代理人通过对职责范围内的公有企业进行监督，按照被监督企业的经营情况和每年上缴的红利获得报酬。代理人的主要职责是通过专业的企业管理知识和第一手的统计数据对被监督企业的运行情况进行专业评估和监督，但不能干涉企业正常运行和对企业进行具体的业务经营指导。代理人对企业管理层拥有一定的人事任免权利，但必须上报到上级机构。在詹姆斯·扬克的描述中，公共所有局是作为一种政府机构存在的。因而，这样的机构运行体制是否会导致政治权利和经济权利重合的现象产生，民主和效率该如何保证，官僚主义、寻租行为怎样杜绝，如何完善公共所有局的体制,以及对代理人与企业的监管,也是需要进一步完善的。

6.3.2.3 如何处理生息资本

对于资本主义的改造体现在对于生息资本的废除,仅仅这样是无法从根本上改变资本主义制度、消灭剥削的。在经济民主的社会主义模式中,国内可以不存在股票、公司债券,但在目前股权形式下,很难实现这种改造,而且这种相对封闭的资本环境,能够给经济发展带来活力和动力吗?要想真正实现对资本主义的改造,就要对全部资本主义社会关系、生产关系进行认真研究和批判,并找出根本的解决方案。

6.3.2.4 经济全球化的贸易问题

市场社会主义提倡公平贸易,反对穷国消耗资源为富国生产消费品,鼓励穷国的更多资源为本地所用。忽视了落后国家的技术发展,先进国家对技术的垄断迫使落后国家以资源换取资金,再以资金获得经济发展的技术。正如前文所述,市场社会主义主张对发达资本主义国家在贸易中对贫穷落后国家进行关税返还,返还的关税交予这类国家中有关关注贫穷、环境恶化问题的代理组织、国家代理机构、工会或环保组织等。这类"社会关税"所造成的较高的出口价格将会降低对贫穷国家的商品出口,社会关税的返还机制需要一个长期的过程才可以发挥其作用;同时,出口商品虽然体现了公平贸易原则,但是仅仅依靠资金的补偿不能从根本上推动贫穷国家的技术发展和产业更新。公平贸易的根本应当落脚于贫穷落后国家的经济发展和社会进步,在当今经济全球化的今天,依靠关税补贴来实现公平的贸易格局,其作用是较为微弱的。

6.3.3 陷于既要依赖市场还要超越市场的困境

在当代市场社会主义理论所面临的诘难和批判中,不只是理论基础薄弱和实践上严重缺乏经验,还有当前社会主义对其本质上的要求,也就是要让它依附市场且超越市场。在分配的相关理论中,他们提倡市场,是因为市场效率远远高于中央计划,而跟市场可提供最合理的劳务配置和商品这一原因无关。而市场在分配体制中存在很大缺陷也是他们早就意识到的,其消极性和局限性也很明显。

"二战"之后，凯恩斯主义所主张的国家干预理论被越来越多的经济学家和政治学家所接受，国家对市场实行干预成为现代国家越来越重视的职能之一。当代市场社会主义作为一种资本主义的替代理论，在同样的市场机制下，如何避免陷入新自由主义的分配低效陷阱和社会民主主义福利国家负担是值得深思的问题。尤其是当前社会民主主义的福利国家在经济发展上，缺乏创造动力和效率低下的弊端日益凸显。当代市场社会主义对传统社会主义的计划经济持否定态度，但他们围绕市场机制进行理论构建时，尤其是在再次分配中，国家和计划的作用无法完全舍弃。事实上，即便是最为"自发的"市场秩序也是在既定的法律和制度框架内运作的，当代西方市场社会主义在实际的经济生活中，应该是处于有利地位的，然而它没有摆脱新自由主义市场观念的影响，在回答其挑战时自己却站在对手的理论立足点上，这是当代西方市场社会主义者在新自由主义者面前表现出"市场情结"困惑的真正原因所在。可见，确立一种新颖和独立的市场理论是当代西方市场社会主义的当务之急。

只有真正挣脱新自由主义市场理念的束缚，确立起自己独立的真正符合现实经济生活的市场理论，才能打退新自由主义者的攻击；只有建立起独立的以市场为基础的效率与公平相结合的理论，而不是重复西方社会民主主义的福利国家政策，才能真正回应西方传统社会主义者的挑战。只有同时完成这两项任务，当代市场社会主义才能真正以自己的"市场情结"为荣。

# 第7章

当代市场社会主义分配理论对我国的借鉴意义

第 7 章 ◎ 当代市场社会主义分配理论对我国的借鉴意义

7.1 可借鉴的理论意义

7.1.1 经济民主是保障分配平等的基础

很多当代市场社会主义学者都以民主作为论述话题,强调民主;许多当代市场社会主义者的论著都冠以"民主"的标题,凸显民主的地位。例如,戴维·施韦卡特的著作称《经济民主——真正的可以实现的社会主义》,托马斯·韦斯科夫的著作题为《以企业为基础的民主的市场社会主义》等。他们对民主问题的突出贡献是将民主划分为三个层次——企业民主、经济民主和国家民主。企业民主是当代市场社会主义关注和阐述较多的,是市场社会主义中最具参与性的基层民主形式。"(至少有一些)市场社会主义者赞同这种批判性意见:在资本主义社会,'民主在工厂门前停住了脚步'。"❶

在当代市场社会主义理论里,民主的价值不仅体现在政治生活中,而且对于经济活动也有深刻的意义。由于深受西方民主传统的影响,市场社会主义学者坚持只有民主才能产生效率,工人需要而且应该参与到企业的管理中来。在政治上,当代西方资本主义虽然表现出民主,可在工厂和企业中其本质却是集权专制。经济民主形式的市场社会主义能够真正做到政治经济民主的有效融合。经济

---

❶ 皮尔森. 新市场社会主义——对社会主义命运和前途的探索 [M]. 姜辉,译. 北京:东方出版社, 1999:115.

民主更加民主,比起资本民主来说,更加高效。东欧国家高度集中的计划经济体制的教训表明,以政治民主作为经济民主的保证,能够调动劳动者参与企业管理的积极性,才能促进企业的长远发展。

现代企业,就算是公有制企业,其内部经济决策也具有一定的集权性和等级制。"等级森严的控制制度以及政治舞台上的那种独裁,在企业中被认为是理所当然的"❶,工人在影响其劳动生活的重大决策中没有发言权,如生产工序的采用、生产速度、人员安排、工作场所中的布局、增加或减少劳动强度的决定,甚或是关闭工厂的决定等。这样难免会引起工人的不满情绪,这种不满情绪又会引发一系列的问题,如不合作态度、大量旷工、开小差及人事流动。如果在公司各种决策中给予每个雇员以平等的表决权,这将有助于在工作场所产生一种相互支持和合作的新态度,这正是扩大企业民主的意义所在。

中国共产党历来十分重视社会主义民主政治建设,倡导发扬人民民主。习近平同志在党的十九大报告中明确提出:"我国社会主义民主是维护人民根本利益的最广泛、最真实、最管用的民主。"所以,在民主建设的过程中,应当积极推进政治民主,以最大限度地保障经济民主的实现。不仅如此,我们必须认识到没有经济领域的民主,政治民主不可能得到真正实现。没有经济民主的适时适度的推进,社会主义民主的优越性无从彰显,社会主义民主政治建设也不可能真正实现。

在积极借鉴当代市场社会主义的民主思想成果的同时,我们也必须清醒地看到,当代市场社会主义者所倡导的民主是一种有限的民主化形式,它承诺了企业内部的经济民主,却没有考虑企业之间的民主,企业还同样要在市场上竞争;它承诺赋予所有就业的人员以经济权利,但没有考虑到在所有发达社会中日益增多的被排除在受雇人口之外的人;它倡导对微观经济决策实行较大的民主控制,但不期望对整个经济进行民主控制。这些是其民主思想的局限性所在。

7.1.2 缩小分配结果差距,按要素贡献分配

7.1.2.1 分配形式多样化

按劳分配是社会主义经济制度的主要分配原则,该种分配原则在市场社会

---

❶ 埃斯特林,格兰德. 市场社会主义 [M]. 邓正来,等译. 北京:经济日报出版社,1993:176.

主义和我国市场经济分配中得到了广泛的体现。在深刻批判了资本主义分配制度后❶，当代市场社会主义者提出劳动者要实行按劳分配，并认为"（被雇用的）劳动是收入的唯一源泉"❷。

这种分配方式，在当代市场社会主义很多理论中，都有很多具体形式的表现，如在约翰·罗默所提出的模式里，市场社会主义社会中每个合法公民，其收入都应当有三个部分的来源：一是工人的工资收入，这部分收入会伴随工人技能和其劳动时间的不同发生改变；二是储蓄收入，该收入的情况也根据不同家庭情况而变化；三是社会红利，社会红利对于每个家庭来说，原则上分配结果大体一致。

7.1.2.2 允许某种程度的收入差距

当代市场社会主义者允许一定程度的收入差距。在劳动力市场中，劳动者的教育背景和工作能力必然会存在着差别，劳动者的职位选择和劳动收入也必然会存在着差别，因此要想实现在分配结果上的绝对平等是不可能的。但在市场社会主义社会中，公有制作为所有制的最主要形式，私人所有制的废除使财富无法在个人手中大量聚集❸，企业内部的利润分配由劳动者民主决定，国家范围内的收入差异由政府进行干预。

按照马克思主义的观点，分配模式必须能够适应生产资料的所有制形式与生产力的发展程度，因此马克思根据不同的生产力发展阶段需要有与之相适应的分配模式。所以，每个生产者扣除各种项目以后，他们在社会中收回的也正好为其本身贡献给社会的那一部分，也就是说，要实现消费品的个人分配，就要采用按劳分配，该原则便能够调节生产，换句话说，也就是某种形式，某些量的个人

---

❶ 皮尔森从以下三点批判了资本主义分配制度：第一，资本家获得的利润收入不是自己挣得的，而是从真正的所有者——创造利润的工人那里剥削来的；第二，在资本主义社会，因为利润分配不当，收入分配的最终结果差异悬殊，令人无法接受。这违背了社会主义的分配公正原则，破坏了使社会利益真正、普遍共有所必需的条件；第三，收入只与（付酬）劳动相联系，而与人的需求无关。参见：皮尔森. 新市场社会主义——对社会主义命运和前途的探索 [M]. 姜辉，译. 北京：东方出版社，1999：127.

❷ SELUCKY R. Maxism, socialism and freedom: toward a general democratic theory of labour-managed systems [M]. London: Macmillan, 1979: 179.

❸ 施韦卡特在《反对资本主义》中对私人财富无法聚集的原因进行了分析，认为在经济民主的市场社会主义中，"那里几乎没有（假如有的话）超级富豪，因为：①靠劳动获得收入将更平等；②那里没有不靠劳动而获得的收入"。参见：施韦卡特. 反对资本主义 [M]. 李智，陈志刚，等译. 北京：中国人民大学出版社，2002：201.

社会劳动,能够跟其他的同量同种的劳动进行交换。因此,按照马克思主义的经典理论,我们可以理解为,在我国的社会主义初级阶段,我们国家实行的是以按劳分配为主体,这是唯一的可行的分配标准,也是比较传统适用的分配方法,把不同的分配方式跟不同的社会发展时期巧妙结合。

除了按劳分配以外,还有按产权分配、按经营权分配等多种分配方式。将激励政策与分配制度巧妙结合,这对我国改革开放之后的经济发展,发挥了很大的促进作用,然而,近年来,因为越来越多的分配方式出现,分配变得多元化,一部分人先富裕起来,使贫富差距逐步拉大。2013 年 1 月,我国统计得出,2003—2013 年的中国的基尼系数❶(见图 7-1),2012 年年末数据是 0.474,是 2005 年到现在的最低水平。从 2008 年开始,我国基尼系数出现了下降,并且行业之间的收入差距亦表现突出。2003—2012 年,我国的垄断行业比较非垄断的行业的平均工资,从 1.58 倍逐步上升至 1.76 倍,而其中,有三成多的行业都因受垄断影响,其平均工资也出现了差别❷。

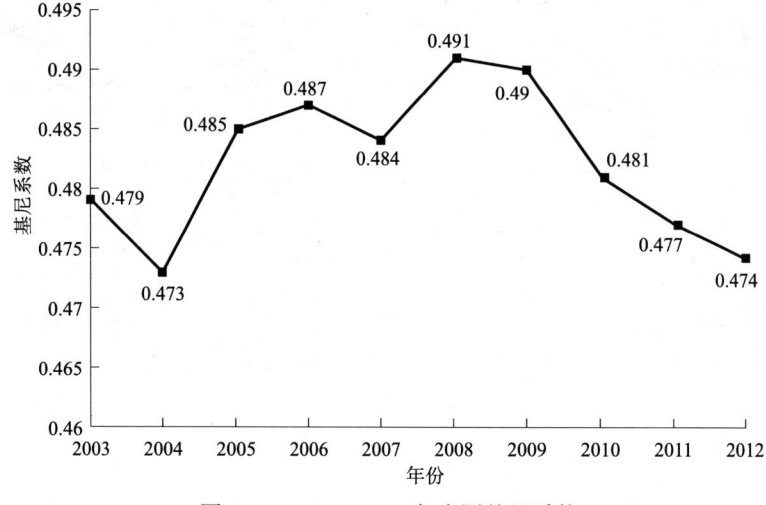

图 7-1　2003—2012 年中国基尼系数

数据来源:中国国家统计局。

---

❶ 基尼系数(Gini Coefficient)为意大利经济学家基尼(Corrado Gini,1884—1965)于 1922 年提出的,定量测定收入分配差异程度。其值在 0 和 1 之间。越接近 0 就表明收入分配越是趋向平等,反之,收入分配越是趋向不平等。按照国际一般标准,0.4 以上的基尼系数表示收入差距较大,当基尼系数达到 0.6 时,则表示收入悬殊。

❷ 张东生. 中国居民收入分配年度报告(2013)[M]. 北京:经济科学出版社,2014.

第 7 章 ◎ 当代市场社会主义分配理论对我国的借鉴意义

允许一定程度的收入差距意味着既要允许收入差距的存在,保持激励机制的活动,同时要防止收入的两极分化。在当代市场社会主义的各种新模式中,利用证券、息票等形式来实现公民对社会财富的共同占有,并据此分享企业利润,到分配上的社会平等;同时在涉及一些公共领域,如教育、医疗、养老等,则需要由政府或其他公共机构来主导,保证社会成员的需求得到满足。虽然当代市场社会主义者在社会保障等公共领域并没有做出十分详尽的制度设计,但是对于改善收入分配的关键的问题,如优化政府与市场的关系、改善政府对公共资源的分配、政治体制改革等方面都有一定的借鉴意义,如何汲取当代市场社会主义中的积极因素在实践中实现分配的公平平等,将在下文中详谈。

7.1.3 政府、市场和个人之间关系的协调

政府、企业和个人之间关系的协调是分配结构中的重要内容。戴维·施韦卡特与托马斯·韦斯科夫在企业的管理人员是否应该由本企业的劳动者选举产生意见一致,企业员工中实行"一人一票制"的民主决策方式,选举产生企业管理人员以及对企业组织、分配方式等问题进行集体决策。弗莱德·布洛克提倡企业作为一个联合体,实行国家股东和员工三方共同管理的制度。当代市场社会主义的分配结构涵盖了对个人、市场和国家的一些基本要求,这对完善我国社会主义市场经济体制,合理调节利益主体间的各种关系,有很大的启示意义和推动作用。

7.1.3.1 在初次分配中充分发挥市场作用

市场社会主义的目标是实现市场机制跟社会主义的有机结合,其目的是在不更改社会主义公有制的性质下,还能发挥市场作用。

20 世纪 70 年代,西方知名经济学家林德布罗姆和格雷戈里等均提出了"中性"机制理论。这些学者们认为,根本没有彻底的市场经济,也没有十足的计划经济,市场与计划不能作为区分资本主义与社会主义的标尺,在实际社会中,这种完全对立的区分也是不存在的,它们只可作为资源配置的辅助工具或者手段,经济体制的机制可在不同的经济环境中相互移植。这种理论,为市场社会主义的发展提供了理论前提。之后,索尔·埃斯特林又提出市场主导机制论,从社会制度、资源配置和现代工业物质文明三大方面来论证市场与计划的关系。资源配置

方面，若把市场当成经济体制的主体，那么计划就可在必要的时候得以利用。若把计划当作经济体制的主体，那么市场机制就会变得很弱小，甚至起不到作用。中央计划体制必然会损坏和压制市场机制及市场活力得以发展的主要特点——如企业家精神、竞争精神和冒险精神等。所以，索尔·埃斯特林主张把市场作为主要机制，仅仅在需要的时候利用其他的非市场补充机制。物质文明层面上，市场应当担当交易机制的核心和主导，这样才能满足在复杂的工业社会中社会主义的发展需求。计划机制同市场机制一起，能以一种较为完善的方式为经济制度提供刺激和信息，进行资源配置。

市场关系和市场本身都是经济制度特征的表现。市场主导机制论是对计划关系与市场的新的认识和定义，也是当代市场社会主义经济运作的重要理论突破。

因此，要充分发挥市场作用，以令人满意的方式为经济制度配置资源、提供信息和刺激。

7.1.3.2　合理的政府干预

市场失灵是政府对市场实行干预的理论基础，政府进行干预的目的是最大可能地补偿市场缺陷，改进市场的作用，进而提高经济发展效率，并非对经济具体运行进行指导。本质上来说，此种以市场失灵条件为基础的政府干预，是一种后发性措施，往往是在社会产生比例失调和恶性竞争发生之后，政府才会采取相应措施，因此，也不能最大可能地使经济危机产生的概率减小。当下，金融危机频发，这有力地证明了政府干预是必不可少的。以改革开放几十年实践经验为基础，我国的政府宏观调控无论是在理论上还是在实践应用上都要优于当代的市场社会主义的政府干预理论。但是当代市场社会主义的学者在政府干预的范围、方式等方面的深入探讨对我国政府干预理论的完善有着一定的借鉴意义。

詹姆斯·扬克选取的用以调节资本主义经济波动周期的策略，是政府的调节体制和直接投资，进而确保可持续和高效率的公司经济提升和资本积累，借助政府部门的直接干预来左右投资，确保宏观经济的经济提升效率，借助公有公司参照类似资本主义市场经济角逐的办法来筹备生产资本，以确保微观经济的提升效率，两者的有机结合，能确保市场社会主义的经济稳定并长期提升。

第7章 ◎ 当代市场社会主义分配理论对我国的借鉴意义

（1）我国政府干预存在的问题。我国的社会主义市场经济体制政府干预经济的形式，由以往的直接干预逐渐向间接调控转变，政府的宏观调控能力明显提高。政府在调控的范围、方式等方面有了很大的转变，政府干预的能力和水平明显提升。但当前我国的政府经济干预还存在一些不尽如人意的地方。当前，我国政府干预的突出问题表现在干预的权力边界不明晰，一些本来应当该政府担起的责任，政府承担不当甚至并没有承担，最终导致一些没有被调节的市场部分出现了漏洞；而一些需要充分发挥市场作用的地方政府管理过多。

另外，政府没有把有效的竞争机制引入某些自然垄断的行业中，在环保方面也没能够发挥出竞争机制的巨大力量；在收入分配领域，对效率与公平未能做到很好的平衡，政府不应当参与生产要素收入分配，而是应当为市场配置资源提供公平竞争和透明法制的环境，为实现收入分配领域中的公平正义提供正当的公共政策和社会政策。

这些政府的越位现状违背了政府弥补市场失灵、维护市场机制正常运行的职责，在某种程度上，政府取代了市场，限制了市场功能的正常发挥，使得社会资源的配置效率低下，政府干预越位同时也给其本身带去了不良影响，因为它管了不应当管的事情，而且还不好管，其结果导致了政府机构行政效率的降低和机关单位的膨胀，严重的还出现腐败和寻租的不良现象，这在一定程度上损害了政府的公共形象和权威。

（2）政府干预方式的完善。我国经济体制由计划到市场的转型决定了我国在政府职能转变和政治体制改革的主线——政府的归位与退位问题，即政府应该从那些不归自己干预操控的计划经济体制范围中退位出来，而进入应当属于政府干预和管辖的经济范围，尤其要进入公共服务领域；政府应该完成由无限干预者向有限干预者的角色转变。

分配微观领域中，政府不该决定和控制资源，而政府干预范围只限定在市场失灵条件下的经济领域，并且政府干预一定要遵守跟市场一致的基本标准。在市场社会主义分配理论中，如果国家对分配不进行干预，就很难保证社会公平。我国是人口大国，贫富差距大势必会带来社会根基不稳定，政府必须要发挥好干预功能来维护社会公平，否则就会背离社会主义目标。

在分配的宏观领域，界定政府干预的范围。当代市场社会主义者认为，容易形成垄断的行业、具有外部效应的产业和资本市场等，需要有政府的干预。在我国，政府发挥作用的范围大致也是"市场失灵"的一些领域，其作用表现为：提供公共物品服务；保护竞争、防止垄断；解决外部性问题；维护社会公平、推动共同富裕目标的实现等。政府应逐步从竞争性领域退出，转而从事公共物品的生产，如国防、法律、基础教育、工业基础设施、污染控制等。由市场来做这些事情，其结果不是效果欠佳，就是供给不足。而政府通过强制征税或部分收费的办法来筹集资金，再通过公共财政支出，就可以做好这些事情。政府对于这些公共物品的生产负有责任，而不管其是否有经济效益。从短期看，这些投入可能收益并不显著，但从长期看，这些投入对提高我国的科技竞争力和人民的生活水平有极大作用。此外，政府干预的一个重要职责还在于防范和化解经济危机。市场经济的内在不稳定性，即发展周期的波动性，是市场本身所无法克服的，势必会给经济正常运行带来破坏性后果。为此，政府要运用财政、货币、税收、投资等宏观调控政策，平衡社会需求与供给之间的关系，以避免经济波动所引起的震荡，实现充分就业、相对稳定的物价、健康的对外贸易和适度经济增长等宏观经济目标。同时，进行中长期经济预测和规划，适时地调整产业结构，促进经济稳定、协调、高效地发展。

市场经济内在地要求政府干预方式的多样化，政府干预方式必须由原来的直接管理转为间接管理；由原来微观经济管理与调控转向宏观经济管理与调控；由原来的单一行政手段转为运用经济手段、法律手段和必要的行政手段管理国民经济。在市场经济快速发展的今天，更应该合理选择政府干预的方式，以减少摩擦，最大限度地推动经济的发展。

7.1.4 公平分配优先，兼顾效率

改革开放以来，我们党坚持以经济建设为中心、大力发展生产力，建设社会主义政治文明，全面落实科学发展观，为实现社会平等奠定了物质经济基础、政治制度基础，推进了社会平等的发展。从 1992 年党的十四大提出"兼顾效率和公平"到 2012 年党的十八大报告明确提出"提高居民收入在国民收入分配中的比重，提高劳动报酬在初次分配中的比重。初次分配和再分配都要兼顾效率和公平，再分配更加注重公平"，再到 2017 年党的十九大报告中强调"坚持按劳分配原则，完善按要素分配的体制机制，促进收入分配更合理、更有序"，"履行好

政府再分配调节职能，加快推进基本公共服务均等化，缩小收入分配差距"，我国对效率与公平的关系进行了积极探索。但是我国处于并将长期处于社会主义的初级阶段，人们在经济、政治、文化等各个方面还存在事实上不平等，贫富、地区差距特别是收入分配的不公平现象，权利不平等、机会不均等及个人能力差距等问题依然存在，从而使发展社会平等的问题显得尤为突出、更加尖锐和复杂。

7.1.4.1 坚持收入分配机会平等的原则

在约翰·罗默看来，社会主义最需要的就是机会平等，即我们应当将平等主义当成社会主义的终极目标，给予每一个社会成员公平争夺的机会和空间，而划分资源时，也给所有成员平等的挑选机会，结果平等则主要在于每个成员本身的努力。在约翰·罗默的观点中，真正可行的平等应该在起点平等，而不是通过税收等政策杠杆来事后满足结果的平等。收入差距是世界上绝大多数国家都会存在的问题，控制在一定范围之内的收入差距不会必然带来社会动荡。人们对贫富差距的不满不能简单地理解为人们对结果不平等现状的不满，更重要的是要看到这一现象的背后所隐藏的机会不平等。我国收入分配制度改革的重点在于通过规范市场竞争秩序，实现起点公平。2012年11月，李克强同志在全国综合配套改革试点工作座谈会讲话中指出："在新的起点上要全面建成小康社会，加快转变经济发展方式，让群众过上更好生活，依然要靠改革开放。这是我国发展的最大'红利'。"改革中，可能犯错，但是不改革，社会就会倒退，只要改革，就要承担责任，而在改革的时候，我们更应当重视机会平等、权利公平和规则公平，这才能让每个人都能在自己的努力下获得相应的收益。

7.1.4.2 我国目前的分配应以公平优先

当前，国内部分学者在处理公平和效率两者的关系的问题上也提出了不同的观点：第一种观点是，要注重效率优先的原则，想要谈公平，就必须先搞好效率。第二种观点是，认为我国当前主要应该解决公平问题。第三种观点是，认为效率和公平谁都没有优先性，在经济进步中要都照顾到，而且它们能够在某种程度上彼此作用和促进，增加了效率，就能加大物质财富，这对公平更加有好处，而做到了公平，又能更好地提高劳动者积极性和主动性，最终推动发展，这样效率也就提高了。笔者认为，我国当前分配理论中，应该坚持公平优先的原则。原因如下：第一，诚然，在处理效率与公平的关系时最理想的状态应该是二者兼顾，并寻找一个适当的均衡点。但在实践中，经济运行是一种动态的过程，往往很难达到完美的均衡点。选择均衡点的时候，要灵活，还要根据历史来选，具体决定谁是主导，要参考经济发展实际任务和情况。第二，平等才是社会主义区别于资本主义的最重要的价值观。在当代市场社会主义的分配理论中，平等要优先于效率。因此，在每一种分配模式的设计中，市场社会主义者都在强调分配中平等的重要性。我国社会主义市场经济必须坚持效率原则，但效率本身不是最终目的，全体人民的共同富裕才是我们的最终奋斗目标，"共同富裕"恰恰体现了公平理想。第三，我们国家基本上具备了进行公平分配的先决条件，在我国2013年的政府工作报告中，国内生产总值到2012年年末已经达到了51.9万亿元，世界排名第二的政府的公共财政也有11.7万亿元的收入，这表明我国的综合国力与生产力已经今非昔比，显著提高，也说明了我们国家已经全面进入小康社会新时期。2008年以来，我国的教育、卫生医疗、养老金等占GDP的比重在7%～8%[1]，远低于发达国家15%[2]的水平。第四，当前贫富差距呈扩大趋势。贫富差距的扩大使社会各个阶层之间矛盾日益增多，成为造成社会不稳定的主要因素。

7.2 可借鉴的实践意义

党的十八大提出，要坚持社会主义基本经济制度和分配制度，调整国民收入分配格局，加大再分配调节力度，着力解决收入分配差距较大的问题，使发展成果更多更公平地惠及全体人民。针对我国分配问题现状，结合当代市场社会主

---

[1] 根据国家统计局公布的数据，2007—2012年，我国在教育、卫生医疗、城乡养老金等社会福利的总支出分别为0.85万亿元、1.93万亿元、2.42万亿元、2.87万亿元、3.54万亿元、4.25万亿元，分别占当年GDP的3.21%、6.10%、7.10%、7.18%、7.57%、8.23%。

[2] 数据来源：经济合作发展组织（OECD），National Accounts at a Glance 2013. http://www.keepeek.com/Digital-Asset-Management/oecd/economics/national-accounts-at-a-glance-2013/social_benefits_na_glance-2013-22-en#page1。

义分配理论的中的经验，在我国构建公平合理分配制度最核心的是充分发挥政府在分配领域中的主导作用，通过在三次分配❶中构建公平的制度安排理顺社会各阶层的利益关系。

要以生产力的发展为前提，充分发挥来自社会、市场和政府这三方面的综合调节作用，促进市场与政府之间的关系的改善，尤其是发挥好政府在实现分配平等公平中的主导作用。

7.2.1 健全工资制度

7.2.1.1 消除行政垄断造成的行业间收入差距

消除行政垄断造成的行业间的收入差距，强化改革竞争性的国有单位，加速处理竞争区域中常见的问题，开放适当的经济机会，尤其是对部分小型民营公司，如石化石油、电力、电信、金融、保险、烟草等，要更加积极推行行业改革，降低垄断，主动退出，发挥市场的资源配置决定性作用。

经济运行中的政府监管力度要适度。政府监管要法律化、制度化，对食品和药品的安全、污染处理、消费者维权等市场失灵领域规范竞争秩序，加强监管；对于那些已经实现良性竞争的产业（如互联网、计算机、生物技术等新兴技术企业）或者需要引入竞争激发市场主体活力的产业（如医疗、通信等服务行业等）或资源配置的部门或领域，要适当放宽，如放宽行政审批等。政府应加强对经济活动监督管理，解除对经济活动的行政管制。降低活动交易成本，改善商业环境，提高社会经济活动自由度，这样可产生大量就业岗位，同时产生更多经济活力，还能增加部门和家庭的收入。

将竞争因素引入至一般性垄断行业，创造平等的竞争环境。放宽通信、铁路、能源开发等一般性垄断行业的市场准入门槛，引入民间投资。对于无法引入竞争的垄断性行业❷要实行工资的有效控制，规范各级岗位的工资标准，确定合理的管理者与普通员工之间的工资比例。在资源利用型的垄断性企业中，要完善

---

❶ 三次分配是指市场主导的初次分配、政府主导的再分配和社会慈善主导的第三次分配。初次分配是市场按照各生产要素贡献的大小进行对国民收入的分配；再分配是政府将国民收入的一部分以税收和社会福利的形式进行的分配。第三次分配是社会成员间的自愿的捐赠。

❷ 垄断一词的贬义色彩较浓，但并不是所有的垄断行业都可以放开。例如涉及国家长远利益和社会稳定的军工行业、航天行业、盐业、水利等，这些领域的国家垄断有利于有效利用资源，避免重复建设，维护财政稳定和国家安全。

资源有偿使用机制。建立健全覆盖我国所有国有企业和其他分管经营的国有企业的预算机制及收益分配机制，在约翰·罗默的"虚拟证券市场的社会主义"的模式中全民享有国有企业股息收益的模式，对于国企收益分配机制是一个可尝试的选择；把垄断企业的利用国有资源而收取的高额利润都转进国家的财政收入中，适当提高国企的上交资本收益比率，并对收入较低的以支付转移的方式进行补偿。

7.2.1.2 构建更加合理的初次分配格局

所谓劳动报酬比率，指的是在初次分配时，通过劳动而获得的国民收入部分，也就是 GDP 中劳动报酬的比重。解决初次分配领域收入差距问题的首要任务是完善工资制度。增加劳动报酬的比例，可为拟定最低福利津贴和工资标准提高依据，能保证企业职工的基本收入。

各地区政府要综合居民消费价格指数、经济增长指数确定一个合理的增长目标和工资水平，实现对具体经济组织微观分配的监督和规范。通过立法完善劳资协商制度❶，市场社会主义的经济民主制模式为劳资协商制度的完善提供了很好的借鉴。

7.2.1.3 规范公共服务部门工资制度

在工资水平方面，公共服务部门和行政职权部门的工作人员的工资需结合本地居民收入平均水平来确定。在收入构成方面，基本工资要作为公共服务部门和职权部门工作人员收入的主体，坚决杜绝以补贴福利的形式随意增加收入现象。在工资监督制度上，要加大力度推进收入公开制度，由权威部门定期开展工资水平调查。在完善津贴制度上，要对条件艰苦的基层与偏远地区工作人员在收入上进行补贴。

7.2.1.4 增加渠道提高居民财产性收入

对资本市场进行规范，严厉惩罚黑幕交易和财务造假等各种违法行为，切实保障各类投资人的切身合法权益。加快改革利率市场的步伐，从而真正反映出

---

❶ 在我国，劳资协商制度是指非国有企业同本企业员工以集体协商的方式确定加班工资、奖金分配、福利补贴等收入标准。政府通过立法对劳资协商的范围、争议处理和监督机制进行制度框架构建，自上而下推进劳资协商制度不断的落实完善。非公企业中的工会也积极发挥作用，推进劳资协议常态化。

金融资源等的供求与市场稀缺度，并尽快尽早地结束负利率和存款人尤其是那些中小储户提供给国有企业的隐形性补贴，以维护存款人合法利益。另外，为让农民更好地享受土地增值带来的好处，还应当加快现有土地制度的改革。

7.2.2 创建高效廉洁的服务型政府

政府制定的分配制度框架，以及政策的执行力度直接影响社会分配的格局，政府行政权力的寻租行为是造成第一次分配不公的重要原因。因此，提高政府分配干预能力完善政府干预职能、形成政府分配干预与市场分配调节间的动态平衡是推进分配制度改革的关键。

7.2.2.1 强化廉政建设保障政府分配效率

（1）落实政务、官员财产等各项公开制度。完善现场信息咨询和网络政务服务相结合的综合政务公开制度；利用现代信息化手段建立健全政府财政数据公开制度；结合制定符合我国文化传统和具体国情的财产公开制度，联合税务审计和银行等部门建立多部门信息合作机制，同时还提倡公众监督，而对群众的举报更要严格审查，及时公布核查结果。

（2）创建并健全不同层次的表达利益的体制。我国需在保障信息公开和公民知情权的前提下，构筑从普选权到政治参与到全方位监督的多层次利益表达渠道。完善听证制度，涉及人民群众切身利益的重大决策要充分听取群众意见，并就相关决策进行规范化公示。

7.2.2.2 通过国家社会保障政策和税收进一步调整分配格局

再分配是缩小分配差距立竿见影的方式。政府通过再分配手段对分配进行调节的方式主要表现为"补低调高"。补低体现在各级政府相关部门通过在医疗、基本养老和基础教育等方面落实社会福利支出保障社会脆弱群体的基本生活，以及为他们提供更多的发展机会。调高主要体现在规范收入申报制度基础上完善个税征收制度以调节过高的收入。

（1）要完善城乡的养老保险和社会保险制度，着力于养老金双轨制的解决，并推动事业单位等相关制度的改革进程；要根据实际物价水平和各地生活成本，增加城乡养老金金额，尤其是提高农村养老金发放金额，使养老金达到真正保障老人基本生活的水平。推进居民养老保险在城乡之间、企业与社会间的对接进程，多增加一些养老保险特别是城乡的激励措施，长缴多得，多缴多补，充分地调动社会成员参保的积极性。养老保险制度还需要结合社会统筹和个人账户，重点作实进入个人账户的积累型养老金。

（2）扩大社会保障体系覆盖面，完善社会救助制度。扩大城乡最低生活保障制度覆盖面，要根据实际居民收入和消费者价格指数上调低保标准，保证贫困人口的基本生活；设置保障型养老金，保障弱势群体中老人的生活；建立养老金发放的监督机制，保证养老金的按时足额发放；提高救助综合水平并把救助程度扩大至农村五保户、城市最贫困的居民和特困户等，并把城市乞丐、流浪者、重度残疾和孤儿等当作资助重点对象，完善健全安抚救助措施和场地。

（3）补偿性转移支付反哺农村和落后地区。农业农村为我国工业经济建设输送了大量的廉价的劳动力和生产资料，这种长期向工业倾斜的经济格局是农村和中西部地区经济发展落后的主要原因之一。减少因改革开放经济发展过程中收入差距，就要进行工业和城市两者同时反哺农业的运动，且要加大力度，对于中西部和我国农村进行补偿。转移支付不能陷入单纯的财政补贴的误区，要注重提高这些地区的发展要素优势。实行税收优惠与加大基础设施的投入相结合，为这些地区引进投资提供软件、硬件设施。帮助农村发展农业多样化产业链，为提高农民收入增加各种收途径，同时重点加大对贫困偏远地区教育的投入力度，通过提高教育水平和劳动技能减轻代际贫困。

7.2.2.3　优化税收结构，对过高收入进行调节

扩大国民收入里工资性收入，减少宏观税负，扩大国民经济收入分配中家庭部门所占比重。

（1）减少税负（特别是中等或低等工薪阶层）负担，更深一步完善分类和综合相结合的个体所得税相关制度，减少低收入阶层税收负担，并扩大税收中直接税收的比例，间接税作为主体的税收体制结构，提升了低中收入者税负水平。还让不同收入者间的差距扩大了，所以，应当增加直接税收，避免更多的边际税，降低累进税级距。

（2）调节对那些高收入强势群体的税收力度。约翰·罗默认为，大企业公

司总裁、顶级运动员和演员艺人等都是高收入人群，他们的收入根据市场情况来定，它不代表市场失灵了，而代表良好的市场运作。然而，在市场的激励竞争刺激下，这群人所得利润远远超过了他们为社会做出的劳动，因此，就要收取高额的税负。随着市场经济的发展，我国也出现了一批类似的高收入群体，要结合我国政治文化传统与经济现实，适时、适度地征收遗产税、赠与税，实现分配的代际公平；小心推动不动产税收，提高税收中财产税的比例，努力调节财富存量，减小贫富差距，减小不同阶层间的财政收入差距。

7.2.2.4　引导鼓励公共慈善事业发展

随着居民生活水平和公民素养的提高，我国学者在近些年的研究中越来越重视慈善公益事业对分配的调节作用。为了区分分配和再分配，一般来说，经过群体或者个人自愿捐赠的分配是第三次分配，主要提倡社会责任，是一种慈善事业，鼓励先富自愿带动后富，拿出一部分资源财产去帮助较为弱势的低层次群体，目的旨在让社会更加公平。在收入分配中市场失灵和政府无法介入或者不宜介入的领域，公共慈善具有无可比拟的灵活调节作用。

积极建设慈善机构，激发公民慈善观念。把闲散在社会上的各种资源汇集起来，用到公益援助上。舆论媒体要利用自身宣传优势，引导人们对社会脆弱群体的关注；公益慈善事业要以人们能够接受的多样化的形式举行，引导公众对慈善的信任与参与。一步步推动慈善事业发展，制定合理制度。效力较高的慈善法，明确团体慈善活动的性质和区域，应承担的义务和基本权利，把慈善事业并入到法制的区域内里，规范慈善活动的进行，加大监管善款的力度，要对社会群众公开，定期明示详细筹款与支持资料等，保证这些善款真正地足额地发放到需要帮助的人的手中，严厉打击借"慈善"之名敛财获利的非法行为。

在以上规范性制度的基础上，还要建立和完善慈善捐赠激励制度。通过社会形象激励，给予捐赠人和企业以社会认可和荣誉鼓励，通过各种宣传手段，对于大型慈善活动的捐赠人或组织给予非物质的收益，如捐赠人或企业的知名度和企业形象的塑造等。通过落实税收优惠措施，实现对慈善参与者的物质激励。要充分发挥社会，政府和市场它们的重要作用，完善体制改革，加强分配调控，遏制差距的逐步扩大，以实现最终的共同富裕目标。

7.2.3 提高对企业高管薪酬的监管力度，完善委托代理制度

约翰·罗默等经济学者分析了传统的社会主义企业中存在效率低下的问题，认为在一些企业的管理中并没有协调好委托与代理的关系，以致公司的软预算环节出现了错误。约翰·罗默的经济思想还是部分留有如利润的最大化原则以及资源有效配置问题；巴德汉的理论是以主银行作为依托，根据企业的营运状况决定奖惩，工人需要接受经理的监管；弗莱德·布洛克及一些理论家也主张扩大企业内部的效率等。

在我国的企业改制以及现代管理方式的引进过程中，也存在着委托代理问题。在20世纪90年代中期以前，国有企业管理中的弊端日益凸显，政府中的国有资产管理部门控制企业，企业呈现出官僚化低效率的特点，同时工人过度依附于企业，市场化改革的过程中产权模糊导致了大量的国有资产流失。这一时期，由于监督机制缺失和相关理论准备不足，国有企业改革呈现出仓促混乱的局面，直到今天我国的国有企业改革任务仍然没有彻底完成。推进企业高管薪酬制度的改革要对垄断国有企业、私营企业、合作制企业有所区别。

一是建立公司高管人员的收入及职务消费情况定期公开制度，加强对公司高管收入的监督，增强其收入的透明度和提高职务消费的对公消费度。二是建立薪酬约束机制，建立当期业绩与可持续发展考核综合考核制度，以管理绩效、风险和责任为依据确定收入等级。三是建立薪酬激励机制，通过将加大股权等长期激励措施将高管收入与企业业绩紧密相连，提高公司高管的积极性。四是明确规定公司高管薪酬增长不得超过企业利润增长，同时对行政任命的国有企业高管人员薪酬水平实行限高，推广薪酬延期支付和追索扣回制度。五是完善公司治理结构，增强董事会、薪酬委员会和股东大会在抑制畸高薪酬方面的作用。

7.2.4 优化我国公共资源的使用和收益分配制度

7.2.4.1 努力推动教育资源的均衡配置和维护竞争起点的公平

当代市场社会主义者都强调机会的均等。约翰·罗默认为，机会均等是福

利与自我实现、社会地位和政治影响三方面都要平等。教育资源的均等化作为公共物品均等化的重要组成部分，是实现机会平等的基础，是维护社会成员起点竞争公平的保障。约翰·罗默特别重视教育平等，"只要教育政策没有改变，市场社会主义制度就不会带来剧烈的收入再分配"❶。他特别关注教育的平等，尤其是加强对家庭出身不好的孩子的教育，通过教育让这些孩子在劳动市场上对技能劳动和技能职业具有竞争力。从劳动报酬总体情况来看，在按劳分配中，职业技能和受教育水平是造成工资收入差异的主要因素，技术型劳动与简单体力劳动的收入差距越来越大。党的十九大报告指出："要全面贯彻党的教育方针，落实立德树人根本任务，发展素质教育，推进教育公平，培养德智体美全面发展的社会主义建设者和接班人。推动城乡义务教育一体化发展，高度重视农村义务教育，办好学前教育、特殊教育和网络教育，普及高中阶段教育，努力让每个孩子都能享有公平而有质量的教育。"

（1）要保证教育机会的均等性。教育机会均等不意味着极端的平等，教育机会均等反对的是基于性别、文化、阶层等基础上的教育特权或教育歧视，它向所有具备一定资格的人开放公共教育资源，而不是反对或取消一切教育差别。

（2）保障教育资源的均衡分配。在教育的财政投入中，要注重增加农村、偏远地区、西部地区的基础教育投入。我国城乡、区域之间经济发展的不平衡使我国存在相当程度的教育发展不平衡问题。虽然现在的两免一补制度缓解了部分贫困家庭教育的基础负担，然而，农村的教育资源不够这一现状仍然无法转变。而城市化进程中出现的大量进城务工人员随迁子女、农村留守儿童，以及社会残障儿童的义务教育、异地高考等难题也日益凸显。政府应该对弱势社会群体加强教育补偿，妥善安排中央和地方的教育义务责权，注重贫困地区的教育设施的财政投入和师资力量建设。高校教育方面，要摒除异地高考差异，建立健全贫困资助良好政策，更加完善助学贷款、奖学金、助学金和勤工俭学等各种制度，为家境困难的学生完成学业提供帮助。

7.2.4.2　创建完善资源的有偿使用政策和生态空间的补偿制度

生态问题，是当今很多学者流派不能避免的难题。当代市场社会主义也提

---

❶ ROEMER J E. Some thoughts on the prospects for achieving equality in market economies[EB\OL].（2013-01-08）[2019-11-15]. http://pantheon.yale.edu/-jer39/prospects.of.equality.pdf.

出了有关生态问题的独特见解，这对我们国家建设生态文明亦贡献了宝贵借鉴意义。党的十八大指出，加强深化税费与资源产品价格的革新，创建并完善能够折射出资源的稀缺程度和反映资源供求，并能够体现出生态价值的各类有偿机制与生态的补偿制度。它为更深一步完善健全我们国家的生态补偿机制提供了发展方向。

（1）完善公共资源的转让机制。第一，要建立一套规范的招标程序，公平、公正拍卖，防止和杜绝人为操纵。对于不适宜出让的公共资源，则应明确不搞市场化运作，由财政给予足够的补贴。第二，逐步建立公共资源收益全民共享机制，将极大程度上缩小我国当前行业之间、地区之间、体制内外的收入差距。公共资源出让的收益既有经营性收益，又有资产性收益，还包括某些特定资源出让产生的收益，如土地和矿产资源出让收益，但公共资源收益全面共享机制尚未建立，许多收益落入个别部门、个别行业、个别地方甚至个别企业的"小腰包"。建立健全公共资源出让收益全民共享机制，让出收益主要用于公共服务支出。公共资源收益转投民生工程，在投向民生的过程中要考虑效率，投向最需要的人群，向西部地区、农村地区倾斜，同时还要做好财政支出的监督管理工作，坚决遏制"突击花钱"，防止浪费。第三，加强对自然垄断行业的监管，防止通过不正当手段无偿或低价占有和使用公共资源。

（2）完善生态补偿制度，体现生态价值和代际补偿。第一，明确生态产权，对生态资源的经营权、开发权和所有权都要严格界定，同时还要保证产权一定可进行转让，以保障收益权的实现。第二，运用市场手段，深化资源性产品价格和税费改革，实行绿色税费制度：对再生性、稀缺性资源的使用课以重税；征收排污企业的相关税费；合理利用土地资源，扩大征收土地税的范围，提高自觉保护耕地的意识。第三，改进财政转移支付结构，增加对限制开发区域、禁止开发区域的财政转移支付，遏制利益驱动下的盲目开发、破坏性开发。对于比较重要的生态区、屏障区，有比较完好的生态环境的地区，符合国家环保规定的生态城等都进行相应的奖励和补助，最终形成良好的激励机制。

结　论

　　当代市场社会主义在利用市场机制实现社会主义价值目标、兼顾平等与效率的各种模式中提出了多种分配方案,主要特征表现在批判资本主义分配制度、追求平等和效率、强调市场分配等方面。其分配理论涉及广泛,不局限于收入分配,还包含对政治资源、社会资源、生态资源和文化资源的分配。虽然这些分配方案只是在理论上对社会主义分配进行了的设想,缺乏实践基础,但这些理论模式所蕴含的许多新的思想和观念对推动我国市场经济分配理论研究和实践发展,完善我国市场经济制度,推进政治体制改革,维护社会公平正义,推进共享发展,具有深远的理论意义和现实意义。

　　当代市场社会主义作为一个比较新型的社会主义流派,不能仅仅是将它作为一种经济模式来考察。因此,本书在分析当代市场社会主义分配理论时,不局限于收入分配,将政治资源、公共资源(社会资源、生态资源和文化资源)也纳入分配对象的范畴,对当代市场社会主义的分配原则、分配结构和分配机制进行分析论述,并从中提取对我国社会主义分配理论与实践的借鉴意义。这是本书写作的逻辑脉络。

　　通过本书研究,得出以下几个结论。

一、中国的发展应当坚持社会主义道路

　　市场社会主义对资本主义的分配制度进行了深刻的批判,也对东欧国家放弃社会主义走上资本主义道路同样失败的历史教训进行了总结,排除资本主义和

苏联模式的干扰，坚持社会主义方向。

资本主义自身存在结构性危机。当代市场社会主义的倡导者根据对资本主义社会的亲身体验，对资本主义自身存在的问题有着更为直观的感受，其理论批判也更为深刻。戴维·施韦卡特从资本主义存在着巨大的财富不平等、缺乏民主、高失业率以及必然导致的生态不可持续性入手，对资本主义进行了批判；伊藤诚从资本主义市场经济潜在的暴力性、金融体系的不稳定性，以及经济不平等方面批判资本主义；托尼·安德烈阿尼从经济、政治和社会三个方面论证了资本主义当前所处的危机。市场社会主义学者在全球社会主义遭受挫折的情况下，仍然坚持对实现社会主义道路的探索。

资本主义并不能解决中国问题。戴维·施韦卡特还在《中国：资本主义还是社会主义》中分析了中国不能重走资本主义道路的客观原因，其中最重要的一点就是资本主义本身在可持续发展、充分就业，以及社会公平方面存在着制度性缺陷，它不能解决中国当前面临的发展问题。至于西方社会对中国在人权、民主等方面的攻击，戴维·施韦卡特看到了中国的广大劳动阶层和弱势群体的维权意识逐步增强，网络等自媒体的发展也使得工人和农民越来越积极的进行意见表达、争取自身权利。同时，中国共产党作为执政党的危机意识也在增强，执政能力在改革的过程中得到极大提高，公众的诉求逐渐得到满足以维护政治稳定。

中国改革开放以来的发展成果也表明中国特色社会主义道路的优越性。戴维·施韦卡特在《定向设定的后续系统理论：试图了解中国》[1]中肯定了我国的社会主义模式，中国向市场经济转变带来的贫富分化并没有从本质上改变中国的社会主义性质。

当代市场社会主义者充分借鉴西方经济学中最前沿的分析工具和理论发展，构建出一个又一个分配蓝图，并论证了它们相比较于现行资本主义制度的优越性。这一批学者对社会主义信念的坚持对于中国等仍然坚持社会主义道路的国家是一种支持。

---

[1] SCHWEICKART D. Successor — System Theory as an Orienting Devise：Trying to Understand China [J]. Na-ture，Society，Thought，2004，17（4）：389-413.

二、虽然我国分配在实践方面已远远走在市场社会主义前面，但仍应当借鉴其理论可取之处

当代市场社会主义在理论中的改良倾向比较明显。当代市场社会主义的理论模式脱胎于资本主义经济制度，其出发点是如何在改变资本主义劳资关系、管理模式的基础上实现社会主义价值目标❶，其分配中追求的目的主要是在效率的前提下实现社会公平与民主，强调社会成员个人的自我实现。马克思对社会主义改良派进行过深刻批判，"这种生产关系的基础上实行的，因而丝毫不会改变资本和雇佣劳动的关系，至多只能减少资产阶级的统治费用和简化它的财政管理"❷。马克思这一观点也适用于市场社会主义，不从根本上废除资产阶级的生产关系，在资本主义经济基础上不可能完成社会主义分配目标的构建，当代市场社会主义的改良性质决定了其分配理论在资本主义条件下是无法取得实践性突破的。

但当代市场社会主义者充分借鉴新自由主义经济学的理论分析工具和理论创新来论证其优越性并建构其分配模式，当代市场社会主义的理论蓝图对我国分配机制的构建和完善仍有其借鉴意义。我们应该以科学的态度辩证地去借鉴吸收当代市场社会主义的可行之处。例如，借鉴市场社会主义在所有制形式方面的制度安排，可以参考证券市场主义模式对国有企业产权进行改革；在公有性质的企业管理中可以借鉴经济民主模式，实行民主管理，让每一个社会成员充分享受到经济社会发展成果，使国有企业真正变为国民的企业而不是国家的企业。

三、分配中兼顾公平与效率，要更加重视分配中的公平

（1）多元平等主义价值观不是绝对平等，强调起点平等的平等主义，更接近公平。当代市场社会主义的分配原则是平等，其平等思想是对东欧国家经济改革和西欧民主社会主义的反思的基础上，批判吸收多种不同平等观形成的。平等在语义上偏于量的平均，但当代市场社会主义赋予了它更丰富的内涵。当代市

---

❶ 市场社会主义放弃了包括公有制在内的许多社会主义的本质特征，把平等、自由、民主和公正等伦理价值观念当作其"社会主义"的最终目标。

❷ 中共中央马克思恩格斯列宁斯大林著作编译局. 马克思恩格斯选集：第一卷[M]. 北京：人民出版社，1995：302.

场社会主义分配理论的平等主义价值观包括起点平等、机会平等、社会平等,强调"公平竞争环境"和"非歧视原则",允许一定程度的分配差距的存在,并非单纯的量上的均等,在这一意义上,平等的内涵更接近公平。

(2)平等、效率并不矛盾。在市场社会主义的理论中,造成公平与效率之间矛盾对立的不是公平或效率本身,而是资本主义制度中资本的逐利性和资本家操控国家政权等方面的固有的制度性缺陷。一定程度的不公平虽然是必要的,但市场社会主义的目标就是要在分配中实现尽可能的公平,而且这种公平在程度上是必然高于资本主义的。

(3)当公平与效率发生冲突时公平要优先于效率。当代市场社会主义在分配中强调的重点放在公平而不是效率上:效率固然重要,但公平才是社会主义有区别意义的价值,社会主义始终与公平相联系;强调只有公平或者平等才是对社会主义本质特征的正确的定位。当代市场社会主义者把分配中的公平作为社会主义最重要的核心价值,并认为把社会主义的实质性特征局限在高效地发展生产力这一个点上是错误的。我国当前分配理论中应该坚持公平优先的原则。这一结论有其深刻的现实因素。第一,我国已经基本具备实现公平分配的物质条件。根据国家统计局发布的统计公报,我国的国内生产总值至 2018 年年底达到 90.0309 万亿元,居世界第二位,公共财政收入达 18.3352 万亿元,社会生产力和综合国力显著提高,我国已进入全面建成小康社会的新时代❶。第二,当前贫富差距呈扩大趋势。改革开放在经济社会发展总量上取得了巨大的进步,百姓生活水平提高,不存在温饱问题,教育普及程度、医疗卫生水平显著提高。但城乡差距、地区差距、各阶层的收入差距以及干部群众(大型国有企业高管与职工)的收入差距日益扩大。贫富差距的扩大使社会各个阶层之间矛盾日益增多,成为造成社会不稳定的主要因素。第三,公平优先于效率意味着政府要转变之前的牺牲公平保证效率的发展模式,将更多的政府投资转移到投资收益相对低、劳动密集度更高的产业,增加教育、医疗、环保等公共事业的转移支付。近几年,我国逐渐放缓经济增长速度,重视经济发展的结构调整和质量提高,不仅是对当前国际经济增长放缓的反映,更是实现社会公正和可持续发展的必要路径。国际货币基金组织(International Monetary Fund,IMF)亚洲及太平洋部中国处处长史蒂夫·巴内特

---

❶ 中华人民共和国国家统计局. 中华人民共和国 2018 年国民经济和社会发展统计公报 [EB\OL]. (2014-02-28) [2019-12-15]. http://www.stats.gov.cn/tjsj/zxfb/201902/t20190228_1651265.html.

结 论

撰文指出,"经济增长有所减缓以换取未来更高的收入是值得付出的代价"❶。

强调分配的公平性,从哲学和社会学的深层次上来讲是同人的利他性和社会性相联系的,人类进化的历史表明,人类社会在不断向更高级演进的过程中,基于利他性的基础上的社会合作是必不可少的。利他性使得大多数心理正常的人在看到老年人、残疾人、偏远地区贫困人口等弱势群体时本能得会产生同情,产生帮扶这帮人的想法,并在自己的能力范围内帮助他人,不管最终是否采取行动或者采取行动的力度大小与否。现在反对分配公平、对慈善冷漠的人往往并不是因为公众心中没有这种善念,而是在进行公平分配的实际操作中,公共机构并没有公正的有效率地实现这种分配,使参与其中的人产生了被剥夺感。

(4)公平优先不等于忽视效率。经济的持续健康发展为社会正义、分配公正提供了物质基础。东欧国家和中华人民共和国成立后的经济发展的实践证明,没有国民经济发展带来的雄厚的物质基础,社会主义所倡导的充分的就业和社会保障、优厚的养老制度、免费的教育、低廉的公共医疗、廉价的住房等高福利政策是无法实现的,即便是为实现公正的社会目标,勉强维持高福利,经济也是难以可持续发展的。

本书对当代市场社会主义分配制度的基本内容、运行机制作了系统分析,分配理论是一个具体的庞大的理论,它涉及经济领域、伦理以及政治等领域,涵盖政治哲学、政治经济学、生态学等多个学科和知识流派,限于笔者在政治哲学、经济学等领域的知识积累的欠缺和不足,对市场社会主义分配理论的梳理尚有诸多不尽如人意之处,有待进一步深入探究。如当代市场社会主义在国家、企业和个人三者在分配中利益关系的协调,分配兼顾平等、效率的过程中如何协调好平等与效率,以实现效率和平等的最大化;在当代市场社会主义分配理论的借鉴意义方面,如何克服其理论的实践弱点,将其经验有效的应用到我国社会主义实践中,这些都是作者要进一步努力的地方。

市场社会主义社会就像物理学理想模型一样,虽在实践中很难创造出实现

---

❶ Steve Barnett 引用 IMF 相关数据分析认为如果维持(高增长)现状,中国很可能掉进中等收入陷阱,到 2030 年,人均收入最高仅会达到美国的 25% 左右。相反,如果能够成功实施改革,中国的人均收入到 2030 年可能达到美国的 40%。BARNETT S. China's Growth:Why Less is More [EB\OL].(2013-10-29)[2019-12-15]. http://blog-imfdirect. imf. org/2013/10/29/chinas-growth-why-less-is-more/.

理想模型的条件，但它作为抽象思维的结果，也是对客观事物的一种反映，它的意义可能就在于它为人类社会往更高级发展提出了一种社会理想，让人类更接近一个更好的社会。在今后的工作学习中，笔者将努力加强相关学科的学习、弥补知识积累的不足，继续关注这一课题，争取获得更深刻的研究成果。

参考文献

[1] 布鲁斯,拉斯基.从马克思到市场:社会主义对经济体制的求索[M].刘晓勇,应春子,等译.上海:上海格致出版社,2010.

[2] 布鲁斯.社会主义所有制与政治体制[M].郑秉文,译.北京:华夏出版社,1989.

[3] 布鲁斯.社会主义经济的运行问题[M].周亮勋,译.北京:中国社会科学出版社,1984.

[4] 布鲁斯.社会主义的政治与经济[M].何作,译.北京:中国社会科学出版社,1981.

[5] 兰格.社会主义经济理论[M].王宏昌,译.北京:中国社会科学出版社,1981.

[6] 科勒德克.从休克到治疗——后社会主义转轨的政治经济[M].银温泉,译.上海:上海远东出版社,2010.

[7] 锡克.社会主义的计划和市场[M].王锡君,译.北京:中国社会科学出版社,1982.

[8] 奥尔曼.市场社会主义——社会主义者之间的争论[M].段忠桥,译.北京:新华出版社,2000.

[9] 施韦卡特.超越资本主义[M].宋萌荣,译.北京:社会科学文献出版社,2006.

[10] 施韦卡特.反对资本主义[M].李智,陈志刚,译.北京:中国人民大学出版社,2002.

[11] 中国大百科全书出版社《不列颠百科全书》国际中文版编辑部.不列颠百科全书[M].北京:中国大百科全书出版,2007.

[12] 约翰·罗默.社会主义的未来[M].2版.张金鉴,徐崇温,余文烈,等译.重庆:重庆出版社,2011.

[13] 约翰·罗默.在自由中丧失——马克思主义经济哲学导论[M].段忠桥,刘磊,译.北京:经济科学出版社,2003.

[14] 斯蒂格利茨.社会主义向何处去——经济体制转型的理论与证据[M].周立群,等译.长春:吉林人民出版社,1998.

[15] 伊藤诚.幻想破灭的资本主义[M].北京:社会科学文献出版社,2008.

[16] 伊藤诚. 市场经济与社会主义 [M]. 尚晶晶, 译. 北京：中共中央党校出版社, 1996.

[17] 伊藤诚. 现代社会主义问题 [M]. 鲁永学, 译. 北京：社会科学文献出版社, 1996.

[18] 科尔奈. 后社会主义转轨的思索 [M]. 肖梦, 译. 长春：吉林人民出版社, 2011.

[19] 皮尔森. 新市场社会主义——对社会主义命运和前途的探索 [M]. 姜辉, 译. 北京：东方出版社, 1999.

[20] 埃斯特林, 等. 市场社会主义 [M]. 邓正来, 徐泽荣, 译. 北京：经济日报出版社, 1993.

[21] 诺夫. 可行的社会主义经济 [M]. 唐雪葆, 译. 北京：中国社会科学出版社, 1988.

[22] 张卓元. 政治经济学大辞典 [M]. 北京：经济科学出版社, 1998.

[23] 恩德勒, 等. 经济伦理学大辞典 [M]. 上海：上海人民出版社, 2011.

[24] 陈锦华, 江春泽. 论社会主义与市场经济兼容 [M]. 北京：人民出版社, 2005.

[25] 金雁, 秦晖. 经济转轨与社会公正 [M]. 郑州：河南人民出版社, 2002.

[26] 景维民, 田卫民. 经济转型的理论假说与验证：市场社会主义的传承与超越 [M]. 北京：经济科学出版社, 2011.

[27] 景维民, 田卫民. 经济转型中的市场社会主义 [M]. 北京：经济管理出版社, 2009.

[28] 徐俊峰. 社会主义与市场经济兼容模式探微 [M]. 上海：上海社会科学院出版社, 2012.

[29] 余文烈. 当代国外社会主义流派 [M]. 合肥：安徽人民出版社, 2000.

[30] 余文烈, 姜辉. 市场社会主义：历史、理论与模式 [M]. 北京：经济日报出版社, 2008.

[31] 张宇. 市场社会主义反思 [M]. 北京：北京出版社, 1999.

[32] 张志忠. 当代西方市场社会主义思潮模式、理论与评价 [M]. 呼和浩特：内蒙古大学出版社, 2006.

[33] 周瑾平. 机会平等与分配正义 [M]. 北京：人民出版社, 2009.

[34] 何建华. 分配正义论 [M]. 北京：人民出版社, 2007.

[35] 弗莱施哈克尔. 分配正义简史 [M]. 吴万伟, 译. 南京：译林出版社, 2010.

[36] 吕东升. 论公有制与市场经济的结合 [D]. 武汉：华中师范大学, 2003.

[37] 姜国权. 市场社会主义劳动产权理论研究 [D]. 长春：吉林大学, 2007.

[38] 覃安基. 约翰·罗默的平等主义：从逻辑推演到社会建构 [D]. 西安：陕西师范大学, 2012.

[39] 姜祚. 施韦卡特"经济民主市场社会主义"模式研究 [D]. 太原：太原理工大学, 2010.

[40] 刘明明. 当代西方市场社会主义及其对中国特色社会主义的启示 [D]. 泰安：山东农业大学, 2011.

[41] 屈子媛. 当代西方市场社会主义理论分析与价值借鉴 [D]. 长春：吉林大学, 2011.

[42] 曲艺. 当代西方市场社会主义理论及其对中国的启示 [D]. 长春：吉林大学, 2012.

[43] 成晓玲. 施韦卡特"经济民主"市场社会主义理论研究 [D]. 武汉：华中师范大学,

2012.

[44] 张金才."市场社会主义"与中国特色社会主义[D].济南：山东师范大学，2000.

[45] 刘向阳.中国社会主义市场经济与当代国外市场社会主义之比较[D].北京：中国社会科学院研究生院，2001.

[46] 杨家勇."配给券市场社会主义"蓝图产生的原因和价值分析[D].苏州：苏州大学，2004.

[47] 王芳.从"市场社会主义"转变为"新自由主义"[D].呼和浩特：内蒙古大学，2006.

[48] 李晓飞.论当代西方市场社会主义的新发展及启示[D].沈阳：中共辽宁省委党校，2007.

[49] 张丽华.戴维·米勒正义思想研究[D].重庆：西南大学，2008.

[50] 布坚科.从中、苏、俄的经验看市场经济和市场社会主义[J].现代国际关系，1996（9）：51-55.

[51] 拉文，陈兴.略论市场社会主义[J].世界经济译丛，1993（2）21-22.

[52] 约翰·罗默，李春放.市场社会主义思想轨迹[J].当代世界与社会主义，1998（4）：117-119，128.

[53] 布鲁斯，拉斯基.关于所有制问题[J].经济社会体制比较，1993（4）43-49.

[54] 洛弗，谢炳炎."市场社会主义"评论[J].国外财经，2000（4）：68-79.

[55] 白千文，景维民.约翰·罗默"证券市场社会主义"模式的不可行性分析——以俄罗斯的证券私有化为佐证[J].贵州社会科学，2009（5）：42-45.

[56] 曹天予.劳动产权、现代经济学和市场社会主义[J].马克思主义与现实，2004（5）：31-38.

[57] 曹玉涛.平等：社会主义的核心价值——约翰·罗默的市场社会主义理论述评[J].郑州大学学报（哲学社会科学版），2009（1）：23-25.

[58] 陈东琪.市场社会主义分配理论探索[J].财经问题研究，1988（11）：28-34.

[59] 陈林.美学者罗梅谈"当代市场社会主义诸模式"[J].国外理论动态，1994（26）：207-208.

[60] 陈湘舸.新市场社会主义及其理论转换——二论社会主义市场经济与市场社会主义[J].湘潭大学学报（哲学社会科学版），1995（4）：44-46.

[61] 陈湘舸.再论社会主义市场经济与市场社会主义[J].财经论丛（浙江财经学院学报），1995（3）：1-7，34.

[62] 陈湘舸.再论新市场社会主义——社会主义与市场经济关系新探[J].浙江大学学报（社会科学版），1995（3）：63-69.

[63] 程恩富.西方比较学派的"市场社会主义"理论简析[J].财经研究，1996（6）：39-40.

[64] 程恩富.资本主义和社会主义如何利用股份制——兼论国有经济的六项基本功能[J].江苏行政学院学报，2004（4）：25-40.

[65] 狄仁昆."社会主义市场"存在论——对当代西方"市场社会主义"合理性问题的哲学思考[J]. 国外社会科学, 2005（1）: 17-23.

[66] 丁文祥, 张金鉴. G. A. 柯亨谈"市场社会主义"[J]. 马克思主义研究, 1995（6）: 2, 38.

[67] 段维. 中国社会主义市场经济: 市场社会主义的成功范型[J]. 华中师范大学学报（人文社会科学版）, 2002（5）: 23-27.

[68] 段忠桥. 当代西方市场社会主义的三种模式[J]. 国外理论动态, 2001（12）: 17-19.

[69] 段忠桥. 关于市场社会主义的几个问题[J]. 中国人民大学学报, 1996, （3）: 25-28.

[70] 段忠桥. 国外马克思主义者关于市场社会主义的争论[J]. 马克思主义与现实, 2006（3）: 78-86.

[71] 段忠桥. 西方市场社会主义者对公有制与社会主义关系的新论证[J]. 理论参考, 2003（1）: 20-22.

[72] 方广宇. 柯亨（G.A Cohen）社会主义思想评介[J]. 理论界, 2011（6）: 96-97.

[73] 封永平, 康立. 斯蒂格利茨经济转型理论的评价与借鉴[J]. 西安财经学院学报, 2005（6）: 11-15.

[74] 汤普森, 王武龙. 约翰·罗默的社会主义能使源于剩余的收入平等吗[J]. 马克思主义与现实, 2002（1）: 80-86.

[75] 高铁生."市场社会主义的理论和模式"分析及我们的态度[J]. 世界经济与政治, 1987（12）: 12-17.

[76] 郭志."市场社会主义"研究综述[J]. 理论前沿, 1997（14）: 25-27.

[77] 韩喜平, 姜国权. 论市场社会主义学派的劳动产权理论[J]. 北华大学学报（社会科学版）, 2006（5）: 38-42.

[78] 韩喜平, 姜国权. 马克思与市场社会主义两种劳动产权理论比较[J]. 学习与探索, 2006(1): 209-212.

[79] 韩喜平, 姜国权. 市场社会主义劳动产权理论评述[J]. 长白学刊, 2007（2）: 92-95.

[80] 何捷一."息票经济"的市场社会主义模式评析[J]. 中国农业银行武汉培训学院学报, 2003（6）: 24-26.

[81] 何小勇, 张艳娥. 西方市场社会主义的新模式及其理论实质[J]. 中共长春市委党校学报, 2006（4）: 12-14.

[82] 贺玢. 英国工党的市场社会主义模式[J]. 管理科学文摘, 1999（4）9.

[83] 胡代光.《市场社会主义: 历史、理论与模式》简评[J]. 经济学动态, 2009（7）: 151.

[84] 黄焕汉. 新自由主义与市场社会主义在不同国家实践之比较——兼论"华盛顿共识"与"北京共识"[J]. 广西民族学院学报（哲学社会科学版）, 2005（S2）: 125-127.

[85] 黄焕汉.新自由主义与市场社会主义主要流派的比较研究 [J].广西民族学院学报（哲学社会科学版），2005（S1）：41-43.

[86] 黄新华."市场社会主义"理论初探 [J].福建学刊，1997（6）：73-76.

[87] 黄阳平.市场社会主义与社会主义市场经济关系的新思考 [J].兰州学刊，2005（1）：95-97.

[88] 黄志亮."市场社会主义"使白俄罗斯重现生机——"中国大学校长赴白俄罗斯培训项目"学习考察报告 [J].马克思主义研究，2011（4）：124-128.

[89] 江宜林，余淼杰.兰格、布鲁斯经济思想与中国经济改革 [J].中央财经大学学报，2000（4）：1-3.

[90] 姜辉.西方市场社会主义经济效率理论系统探析 [J].当代世界社会主义问题，2000（3）：64-74.

[91] 姜辉.西方市场社会主义理论面临的挑战与发展前景 [J].国外社会科学，1999（5）：7.

[92] 姜辉.一个"替代"资本主义的谨慎方案——詹姆斯·扬克实用的市场社会主义理论评析 [J].马克思主义研究，1998（1）：83-89.

[93] 姜丽.约翰·罗默的市场社会主义理论及其对我国建设的启示 [J].湖南科技学院学报，2012（6）：97-99.

[94] 金成晓.市场社会主义理论的演进及其启示 [J].当代经济研究，2002（7）：36-37.

[95] 景维民，田卫民.市场社会主义含义演进研究 [J].经济评论，2008（1）：9-13，19.

[96] 景维民，田卫民.市场社会主义收入分配理论演进与评析 [J].社会科学，2008（2）：14-22188.

[97] 景维民，田卫民.市场社会主义所有制理论演进与评析 [J].南开学报（哲学社会科学版），2008（3）：98-107.

[98] 景维民，王永兴.原东欧国家市场社会主义改革失败原因的新探索——基于混合经济结构优化视角的考察 [J].俄罗斯中亚东欧研究，2008（2）：62-66，96.

[99] 科尔内，毋晓东.匈牙利的改革与市场社会主义 [J].计划经济研究，1987（3）：64-70.

[100] 皮尔森，易鸣.市场社会主义的新模式 [J].马克思主义与现实，2001（3）：56-65.

[101] 赖风.寻求效率与平等的新均衡点——从当代市场社会主义与新自由主义的论争说起 [J].南京邮电大学学报（社会科学版），2010（4）：69-73.

[102] 李春放.马克思是市场社会主义者吗？——当前西方学术界关于市场社会主义的辩论中的一个问题 [J].马克思主义与现实，2000（4）：23-29.

[103] 李春放.市场社会主义的源流 [J].社会科学研究，1999（6）：11-15.

[104] 李春放.市场社会主义的主要表人物及其观点 [J].探索，1999（4）：73-75.

[105] 李华荣.可以容忍的不平等：过渡与差别——柯亨思想的一种政治哲学考量 [J].山西高

等学校社会科学学报，2008（9）：30-32.

[106] 李新. 白俄罗斯的市场社会主义评介 [J]. 今日东欧中亚，1995（6）：53-57.

[107] 李新家. 研究世界历史经验 深化经济体制改革——《市场社会主义：历史、理论与模式》评介 [J]. 马克思主义研究，2009（5）：157-158.

[108] 李月娇. 当代市场社会主义理论与我国和谐社会的构建 [J]. 世纪桥，2008（18）：56-57.

[109] 栗丽. 白俄罗斯市场社会主义改革的理论与实践 [J]. 国外理论动态，2006（9）：12-14.

[110] 栗丽. 白俄罗斯市场社会主义转型模式分析 [J]. 宏观经济研究，2007（12）：55-59.

[111] 廖逊. 苏联的经济改革与"市场社会主义" [J]. 数量经济技术经济研究，1987（8）：55-61.

[112] 林怀艺. 市场社会主义理论的历史嬗变 [J]. 宁夏党校学报，2002（5）：30-33.

[113] 林金忠. 社会主义市场经济再认识 [J]. 学术研究，2012（2）：89-95，160.

[114] 刘继同. "蒂特马斯典范"与费边社会主义福利理论综介 [J]. 人文杂志，2004（1）：52-59.

[115] 刘继同. 试论福利—民主—市场社会主义 [J]. 中共福建省委党校学报，2005（5）：52-55.

[116] 刘明合. 第五代市场社会主义者对委托—代理问题的解决 [J]. 青岛化工学院学报（社会科学版），2001（2）：24-27，45.

[117] 刘明合. 市场社会主义者与新自由主义者在市场公正问题上的争论 [J]. 青岛科技大学学报（社会科学版），2002（2）：37-40.

[118] 刘明合. 对当代西方市场社会主义实现平等目标设想的分析 [J]. 山东经济，2003（1）：14-16.

[119] 刘明明，林美卿. 经济民主的市场社会主义与社会主义市场经济 [J]. 沈阳工业大学学报（社会科学版），2011（3）：264-267，272.

[120] 刘明明，林美卿. 论施韦卡特经济民主的市场社会主义对资本主义的超越 [J]. 重庆交通大学学报（社会科学版），2010（3）：12-15，21.

[121] 刘明明，谢鸿昆，郑捷. 论证券的市场社会主义对资本主义的超越 [J]. 华北水利水电学院学报（社科版），2010（4）：36-38.

[122] 刘明明，谢鸿昆. 建设社会主义生态文明的若干思考——基于市场社会主义的生态考量 [J]. 武汉科技大学学报（社会科学版），2012（1）：27-30.

[123] 刘明明，谢鸿昆. 论约翰·罗默的市场社会主义模式及其启示 [J]. 西安建筑科技大学学报（社会科学版），2010（2）：1-4，13.

[124] 刘明明，谢鸿昆. 论市场社会主义对社会主义市场经济的佐证与启示 [J]. 海南师范大学学报（社会科学版），2012（5）：8-11.

[125] 刘明明，谢鸿昆. 约翰·罗默证券市场社会主义对苏联模式的批判与超越 [J]. 安庆师范

学院学报（社会科学版），2010（10）：17-20.

[126] 刘明明，谢鸿昆．市场社会主义的生态观及其启示 [J]．中共宁波市委党校学报，2012（1）：39-42．

[127] 刘明明，谢鸿昆．伊藤诚民主、分权的市场社会主义理论及其启示 [J]．西北农林科技大学学报（社会科学版），2011（2）：94-99．

[128] 刘明明．国内学者关于市场社会主义的研究概览 [J]．中国石油大学学报（社会科学版），2012（3）：47-51．

[129] 刘明明．论莫纳高斯多元的市场社会主义模式 [J]．理论月刊，2012（9）34-38．

[130] 刘明明．实现我国社会公正的路径思考——基于市场社会主义的启示 [J]．西北农林科技大学学报（社会科学版），2013（13）：133-139．

[131] 刘明明．市场社会主义的社会建设思想及当代价值 [J]．理论与改革，2013（2）：47-51．

[132] 刘希裕．当代市场社会主义的公平和效率理论及其对我国的启示 [J]．榆林学院学报，2005（1）：32-34．

[133] 刘向阳．市场社会主义思潮评析 [J]．中共四川省委省级机关党校学报，2002（1）：79-83．

[134] 刘志铭．从市场社会主义的发展看市场经济与公有制的兼容性 [J]．广东行政学院学报，2000（4）：48-53．

[135] 陆世宏，张志忠．西方市场社会主义者对微观激励机制的建构 [J]．广西民族学院学报（哲学社会科学版），2003（6）：100-104．

[136] 泰勒，莫辛．西欧社会党对市场社会主义的探索 [J]．当代世界社会主义问题，1987（3）：56-57．

[137] 罗利玉，韦先良．米勒的合作制市场社会主义视野下的和谐社会构建 [J]．传承，2010（15）：130-131．

[138] 吕凯．西方马克思主义者关于市场社会主义研究综述 [J]．当代社科视野，2009（3）：30-33．

[139] 吕薇洲．当代欧美三大社会主义流派辨析 [J]．毛泽东邓小平理论研究，2012（3）：91-96，116．

[140] 吕薇洲．市场社会主义理论的历史回顾——两次论战和两种模式 [J]．马克思主义研究，1997（4）：71-76．

[141] 吕薇洲．市场社会主义评析 [J]．郑州轻工业学院学报（社会科学版），2004（2）：18-22．

[142] 马吉多夫，段丽萍，何百华．试论"市场社会主义" [J]．现代外国哲学社会科学文摘，1995（10）：6-7．

[143] 孟鑫．市场社会主义的新论证——约翰·罗默的《社会主义的未来》述评 [J]．马克思主义研究，1999（1）：71-74．

[144] 牛文浩. 当代西方市场社会主义政府干预思想对中国的启示 [J]. 中国城市经济, 2011 (9): 271-273.

[145] 裴显霖, 王云中. 前南斯拉夫实行"市场社会主义经济"的失败与借鉴 [J]. 长春师范学院学报, 1994 (1) 15-18.

[146] 彭必源, 彭诗盈. 中国特色的社会主义理论与西方市场社会主义: 从共同突围到超越 [J]. 三峡大学学报 (人文社会科学版), 2012 (5): 60-63, 67.

[147] 彭必源. "第三条道路"与社会主义 [J]. 三峡大学学报 (人文社会科学版), 2002 (2): 65-68.

[148] 彭必源. 施韦卡特的"经济民主"市场社会主义研究 [J]. 理论月刊, 2004 (7): 49-52.

[149] 彭必源. 市场社会主义与传统社会主义的理论分歧 [J]. 海南师范学院学报 (人文社会科学版), 2001 (6): 56-61.

[150] 彭必源. 我国学者视野中的市场社会主义 [J]. 湖北行政学院学报, 2005 (5): 45-49.

[151] 彭必源. 新市场社会主义的分配理论 [J]. 湖北三峡学院学报, 1999 (4): 1-5.

[152] 商文斌. 市场社会主义与社会主义市场经济的偶合和分野 [J]. 咸宁师专学报, 2002 (1): 8-11.

[153] 邵彦敏. 公有制观念的冲突: 社会主义市场经济理论与英国工党市场社会主义理论比较 [J]. 马克思主义研究, 2011 (8): 42-47, 159.

[154] 沈劢. 改革与市场社会主义 [J]. 读书, 1990 (8): 92-94.

[155] 史小宁. 论当代西方市场社会主义价值观的"正统性" [J]. 求实, 2012 (3): 60-62.

[156] 市场经济与市场社会主义主题报告会简述 [J]. 经济学动态, 1996 (7): 41.

[157] 宋光华. 中国经济学发展的去向和繁荣的核心 [J]. 信阳师范学院学报 (哲学社会科学版), 2005 (1): 23-28.

[158] 宋萌荣. 关于市场社会主义的若干问题——与戴维·施韦卡特的对话 [J]. 国外理论动态, 2005 (1): 18-22.

[159] 宋衍涛, 陈明磊. 20世纪90年代西方市场社会主义的三种模式 [J]. 当代世界与社会主义, 2003 (6): 54-59.

[160] 隋欣, 孙杨. 试论道德在市场社会主义中的价值作用 [J]. 中国管理信息化, 2011 (24): 80.

[161] 孙景宇. 奥地利经济学传统下的社会主义及相关争论——"社会主义经济大论战"的反思与启示 [J]. 制度经济学研究, 2010 (2): 219-243.

[162] 孙艺茹. 市场社会主义与邓小平的社会主义市场经济理论辨析 [J]. 安徽警官职业学院学报, 2002 (2): 81-83.

[163] 孙月. 国外学者对市场社会主义理论的研究及启示 [J]. 法制与社会, 2010 (23): 272-

273.

[164] 唐路元,李省龙. 斯蒂格利茨"转轨"理论述评 [J]. 甘肃社会科学,2001(1):44-45,51.

[165] 唐美丽. 施韦卡特的"市场社会主义"思想探析 [J]. 中国电力教育,2010(28):162-164.

[166] 唐昭霞. 简论当代西方市场社会主义 [J]. 成都行政学院学报(哲学社会科学),2003(6):37-38.

[167] 滕世华. 对市场社会主义理论与实践的思考 [J]. 宁夏党校学报,2002(4):28-31.

[168] 田卫民. 市场社会主义国家理论:基于演进视角的一个述评 [J]. 经济体制改革,2010(4):18-24.

[169] 童俊,庄绪策. 中国特色社会主义市场经济对南、匈市场社会主义的创新 [J]. 当代经济(下半月),2007(8):98-99.

[170] 托波罗夫斯基,段丽萍,何百华. 市场社会主义的矛盾 [J]. 现代外国哲学社会科学文摘,1995(10):8-9.

[171] 汪平. "市场社会主义理论"及对我国建立社会主义市场经济体制的启示 [J]. 思茅师范高等专科学校学报,2001(2):57-59.

[172] 王达品. 市场社会主义思潮述评 [J]. 国外社会科学,1999(2):28-33.

[173] 王海燕. 市场社会主义与我国社会主义市场经济之比较 [J]. 山东社会科学,2005(7):148-150.

[174] 王恒来. 浅析市场社会主义理论演变及理论价值 [J]. 社科纵横,2006(8):22-23.

[175] 王宏强. 当代西方市场社会主义理论评述 [J]. 中共天津市委党校学报,2006(1):50-54.

[176] 王宏强. 是市场社会主义还是社会资本主义 [J]. 中共山西省委党校学报,2003(6):65-67.

[177] 王金凤,徐国成. 当代西方市场社会主义效率与公平观念的价值考量 [J]. 商业时代,2011(22):8-9.

[178] 王金凤,赵海月. 市场社会主义的结构演进及理论述评 [J]. 商场现代化,2008(10):393-394.

[179] 王金凤. 当代西方市场社会主义政府干预思想的审视与借鉴 [J]. 长春工业大学学报(社会科学版),2012(6):9-11.

[180] 王金凤. 市场社会主义的理论进程及其评价 [J]. 产业与科技论坛,2008(5):120-121.

[181] 王立洲,郭聪惠. 中国社会主义市场经济对市场社会主义的借鉴与超越 [J]. 新西部(下半月),2008(7):100,104.

[182] 王立洲. 市场社会主义对中国经济改革的理论影响 [J]. 商场现代化,2008(26):381-

382.

[183] 王玫. 20世纪90年代市场社会主义新模式述评[J]. 山东经济, 2006 (2): 9-13.

[184] 王平. 东欧市场社会主义理论与我国社会主义市场经济理论之比较[J]. 遵义师范高等专科学校学报, 2001 (1): 8-11.

[185] 王水珍. 市场社会主义理论与我国社会主义市场经济理论异同比较[J]. 中国商界（下半月）, 2008 (1): 10.

[186] 王卫, 宁少林. 九十年代西方市场社会主义思潮述评[J]. 求实, 2001 (10): 42-45.

[187] 王晓宁. 约翰·罗默的未来社会主义观述评[J]. 黑河学刊, 2007 (4): 7-9.

[188] 王影. 西方市场社会主义对完善我国市场经济体制的启示[J]. 特区经济, 2011 (9): 138-139.

[189] 王元."市场社会主义"理论系统评述[J]. 社会主义研究, 1996 (5): 55-57.

[190] 王援朝. 当代西方市场社会主义观浅析[J]. 理论月刊, 2007 (11): 144-146.

[191] 王云多. 西方市场社会主义企业治理模式形成的分析[J]. 石河子大学学报（哲学社会科学版）, 2007 (6): 65-68.

[192] 王云华. 论西方市场社会主义思潮对中国市场经济的影响[J]. 西安石油大学学报（社会科学版）, 2009 (3): 16-21.

[193] 王战强. 市场社会主义经济的一种模式[J]. 当代世界社会主义问题, 1995 (1): 13-15.

[194] 韦尔, 力文. 处于边缘的中国："市场社会主义"的阶级矛盾（上）[J]. 现代外国哲学社会科学文摘, 1995 (7): 44-48.

[195] 韦尔, 力文. 处于边缘的中国："市场社会主义"的阶级矛盾（中）[J]. 现代外国哲学社会科学文摘, 1995 (8): 40-43.

[196] 韦尔, 力文. 处于边缘的中国："市场社会主义"的阶级矛盾（下）[J]. 现代外国哲学社会科学文摘, 1995 (9): 44-46.

[197] 魏彦民. 从平等角度看市场社会主义[J]. 现代商贸工业, 2011 (8): 69.

[198] 吴学凡, 韩作珍. 市场社会主义的理论沿革、价值目标及现实启迪[J]. 许昌学院学报, 2007 (1): 1-4.

[199] 吴学凡. 市场社会主义的和谐社会思想[J]. 河南师范大学学报（哲学社会科学版）, 2006 (6): 112-115.

[200] 吴宇晖, 杨晓楼, 张巍. 瓦内克的劳动管理制市场社会主义经济模式述评[J]. 教学与研究, 1998 (12): 37-42.

[201] 吴宇晖, 张嘉昕. "息票经济"模式与"证券私有化"实践的分析[J]. 当代经济研究, 2005 (1): 17-20.

[202] 吴宇晖, 张嘉昕. 经济民主：一种关于"劳动的政治经济学"[J]. 当代经济研究, 2008 (1):

15-18，72.

[203] 吴宇晖. 从公有制和市场经济的结合点上塑造"市场社会主义"企业制度——评陈湘舸著《所有制通论》[J]. 长白学刊，1995（5）：78-80.

[204] 项久雨. 国外市场社会主义价值研究的要素论析[J]. 社会主义研究，2003（4）：18-20.

[205] 项久雨. 论西方市场社会主义的价值维度[J]. 马克思主义研究，2004（3）：81-87.

[206] 项久雨. 论西方市场社会主义的借鉴价值[J]. 学习与实践，2007（12）：40-45.

[207] 项久雨. 西方市场社会主义代表模式的价值取向[J]. 学习与实践，2007（6）：63-67.

[208] 熊光清. 詹姆斯·扬克实用的市场社会主义理论述评[J]. 科学社会主义，2008（4）：133-136.

[209] 徐洪岭. 当代西方马克思主义思潮——市场社会主义理论问题[J]. 中国市场，2005（36）：112-114.

[210] 徐俊峰. 当代市场社会主义"股份制"经营模式及启示[J]. 商业时代，2009（14）：45-46.

[211] 徐俊峰. 当代市场社会主义的公平正义问题及其启示[J]. 北京工业大学学报（社会科学版），2012（4）：26-32.

[212] 徐俊峰. 当代市场社会主义理论模式与和谐社会主义关系新探[J]. 学术论坛，2006（3）：134-137.

[213] 徐俊峰. 当代市场社会主义模式对中国改革的启示[J]. 胜利油田党校学报，2007（3）：40-44.

[214] 徐俊峰. 国外市场经济与社会主义兼容模式实践及其启示[J]. 商业时代，2009（30）：6-7.

[215] 徐俊峰. 市场社会主义的国有企业改革观及启示[J]. 改革与战略，2009（6）：20-21，35.

[216] 徐俊峰. 市场社会主义理论脉络辩微[J]. 胜利油田党校学报，2009（1）：70-76.

[217] 徐洋. 法国著名学者作"关于市场社会主义"的学术报告[J]. 国外理论动态，1999（9）：30-31.

[218] 许士国，付立华. 市场社会主义理论浅析[J]. 理论学习，2004（9）：60-61.

[219] 严维耀，冯军. 美国学者施韦卡特论"市场社会主义"模式[J]. 国外理论动态，1993（32）：5-8.

[220] 颜俊学. 市场社会主义与我国社会主义经济理论的几点比较[J]. 中共南昌市委党校学报，2005（1）：53-56，60.

[221] 颜鹏飞. 国外市场经济理论研究的新动向——论"市场社会主义"思潮[J]. 高校理论参考，1995（2）：5-15.

[222] 颜鹏飞. 西方马克思主义学派关于资源配置机制的新探索——论市场社会主义[J]. 安徽大学学报，1995（1）：3-8.

[223] 颜鹏飞. 中国社会主义市场经济新形态的再认识 [J]. 马克思主义研究, 2003（4）：30-37.

[224] 杨红云. 20世纪90年代以来西方市场社会主义收入分配理论述评 [J]. 商业时代, 2011（30）：15-16.

[225] 杨龙芳. 市场社会主义思潮发展的四个阶段 [J]. 当代世界与社会主义, 1997（1）：40-44.

[226] 杨晓猛. 从社会利益分裂走向社会利益整合的思考——两种模式的市场社会主义实践比较分析及启示 [J]. 云南社会科学, 2010（1）：68-73.

[227] 杨心恒. 中国的农村改革——乡土市场社会主义 [J]. 天津社会科学, 1995（1）：26-30.

[228] 杨永志, 杜弘韬. 国外关于市场经济与社会主义结合的理论探索 [J]. 毛泽东邓小平理论研究, 2004（8）：47-49.

[229] 杨正江. 评西方学者的市场社会主义理论和模式 [J]. 理论参考, 2003（1）：23-24.

[230] 游斐. 经济民主的市场社会主义 [J]. 科学社会主义, 2006（6）：124-128.

[231] 于金富. 社会主义市场经济与"市场社会主义"模式 [J]. 经济体制改革, 1995（3）：23-26.

[232] 于良春. 西方市场社会主义理论及其对我国的启示 [J]. 当代世界社会主义问题, 2000（1）：93-99.

[233] 余文烈, 刘向阳. 当代市场社会主义六大特征 [J]. 国外社会科学, 2000（5）：2-8.

[234] 余文烈, 吕薇洲. 关于市场社会主义的发展阶段及其定义 [J]. 教学与研究, 1999（11）：58-60.

[235] 余文烈, 吕薇洲. 英国工党的市场社会主义模式 [J]. 世界经济与政治, 1998（7）：52-55, 65.

[236] 余文烈. "市场社会主义"的新动态 [J]. 国外社会科学, 1995（2）：2-5.

[237] 余文烈. 关于"市场社会主义"的几个理论问题 [J]. 马克思主义研究, 1997（1）：71-73.

[238] 余文烈. 国外市场社会主义对我国改革开放的启迪 [J]. 特区实践与理论, 2010（5）：53-58.

[239] 余文烈. 社会主义市场经济的最高成果及其模式特征 [J]. 特区实践与理论, 2011（6）：27-32.

[240] 余文烈. 什么是市场社会主义？[J]. 当代世界与社会主义, 1997（1）：68-70.

[241] 余文烈. 市场社会主义论战一百年 [J]. 国外理论动态, 2000（1）：7-9.

[242] 余文烈. 市场社会主义在世界社会主义运动中的历史地位 [J]. 科学社会主义, 2008（5）：139-142.

[243] 郁夫. 约翰·罗默"市场社会主义理论"评析 [J]. 国家行政学院学报, 2004（3）：73-76.

[244] 斯蒂格利茨, 张文成. 关于转轨问题的几个建议 [J]. 经济社会体制比较, 1997（2）：8-14.

[245] 斯蒂格利茨,曹荣湘.市场社会主义与新古典经济学[J].马克思主义与现实,2001(3):48-55.

[246] 詹宇国.后马克思主义与市场社会主义——访莱文教授[J].新视野,1999(4):51-52.

[247] 张春燕.西方市场社会主义理论的价值研究[J].湖州师范学院学报,2004(6):58-60.

[248] 张广舟,陈兆同.当代市场社会主义理论与邓小平社会主义市场经济理论[J].经济研究导刊,2009(13):1-2.

[249] 张国祥.社会主义市场经济不同于"市场社会主义"[J].社会主义研究,1993(3):42-43.

[250] 张慧君.完美的国家、异化的国家与有效的国家——论市场社会主义的国家理论模型[J].当代经济研究,2011(2):26-31.

[251] 张家飞.论施韦卡特市场社会主义视域中的"经济民主"模式[J].新疆社会科学,2010(1):13-17.

[252] 张金才.市场社会主义与社会主义市场经济[J].社会主义研究,2002(1):59-62.

[253] 张金鉴.左翼对市场社会主义的批评[J].国外社会科学,1996(6):54-57.

[254] 张小劲.通过市场走向社会主义[J].新视野,1993(4):36-37.

[255] 张阳升.市场经济与社会主义兼容的可能性——一种纯学说史考察[J].马克思主义与现实,2000(4):14-22.

[256] 张友春.市场社会主义及对人类社会发展的影响[J].前沿,2005(2):156-159.

[257] 张宇.市场社会主义理论:当前的问题[J].北京行政学院学报,1999(3):34-39.

[258] 张宇.市场社会主义理论的回顾与反思[J].教学与研究,1997(9):40-44,65.

[259] 张志忠,张雪瑞.当代西方市场社会主义者的公有制实现形式理论评述[J].内蒙古社会科学(汉文版),2003(5):112-116.

[260] 张志忠."实用的市场社会主义"模式理论探析[J].内蒙古社会科学(汉文版),2009(2):80-83.

[261] 张志忠.当代西方市场社会主义的理论新形态[J].内蒙古社会科学(汉文版),2001(1):79-84.

[262] 张志忠.当代西方市场社会主义的民主观及其启示[J].内蒙古大学学报(人文社会科学版),2001(5):37-43.

[263] 张志忠.当代西方市场社会主义的新计划观探析[J].内蒙古社会科学(汉文版),2002(6):108-112.

[264] 张志忠.当代西方市场社会主义对中国社会主义市场经济的启示[J].科学社会主义,2001(2):45-48.

[265] 张志忠.当代西方市场社会主义述评[J].内蒙古大学学报(人文社会科学版),2003(2):

104-110.

[266] 张志忠. 当代西方市场社会主义形成的原因探析[J]. 南昌大学学报（社会科学版）, 2000 (3): 13-17.

[267] 张志忠. 当代西方市场社会主义者的公平和平等观探析[J]. 内蒙古社会科学（汉文版）, 2004（3）: 98-103.

[268] 张志忠. 当代西方市场社会主义者的社会主义观及评价[J]. 内蒙古师大学报（哲学社会科学版）, 2001（4）: 14-19.

[269] 张志忠. 当代西方市场社会主义者对社会主义的认识[J]. 科学社会主义, 2001（4）: 61-65.

[270] 张志忠. 对当代西方市场社会主义思潮的新认识[J]. 内蒙古大学学报（人文.社会科学版）, 2007（4）: 66-71.

[271] 张志忠. 市场社会主义的涵义、沿革和模式——兼谈90年代市场社会主义理论的新进展[J]. 内蒙古社会科学, 1999（2）: 87-94.

[272] 张志忠. 市场社会主义的理论进程及其评价[J]. 内蒙古社会科学（汉文版）, 2000（2）: 88-94.

[273] 赵海月, 王金凤. 当代西方市场社会主义的民主探索及其借鉴价值[J]. 理论学刊, 2009(8): 83-85, 128.

[274] 赵辉, 王玉宝. 新市场社会主义及其对社会主义市场经济的启示[J]. 中共南京市委党校南京市行政学院学报, 2004（1）: 33-38.

[275] 赵铁. 非政治国家与市场社会主义[J]. 广西社会科学, 1998（3）: 60-64.

[276] 赵炜. 当代市场社会主义分配理论研究[J]. 北方经济, 2008（8）: 23-24.

[277] 赵炜. 市场社会主义的历史及当代模式分析[J]. 长春市委党校学报, 2008（1）: 33-34.

[278] 赵艳慧. 当代市场社会主义理论及其对我国的启示[J]. 胜利油田师范专科学校学报, 2004（3）: 6-7.

[279] 赵云姣. 市场社会主义与社会主义市场经济之比较分析[J]. 改革与开放, 2011（14）: 124-126.

[280] 郑一明. 全球化与社会主义的未来——西方左翼学者关于社会主义前景的新思考[J]. 中国人民大学学报, 2005（3）: 26-33.

[281] 钟晓雄, 钟晓君. 当代市场社会主义兴起的启示及其现实价值[J]. 求实, 2009（7）: 72-75.

[282] 周黎明. 对当代西方市场社会主义理论之透析[J]. 西安石油大学学报（社会科学版）, 2006（2）: 33-37.

[283] 周黎明. 试论第五代市场社会主义及其启示[J]. 北京邮电大学学报（社会科学版）, 2005

（2）：15-20.

[284] 朱奎. 新市场社会主义理论研究述评 [J]. 学术研究，2004（8）：43-48.

[285] 朱真真. 当代市场社会主义及其理论价值探析 [J]. 经济研究导刊，2010（31）：3-4.

[1] BARDHAN P K，ROEMER J E. Market socialism：the current debate[M].New York：Oxford University Press，1993.

[2] JOSSA B，CUOMO G. The economic theory of socialism and the labour-managed firm：markets，socialism and labour management[M]. Glos：Edward Elgar Publishing Limited，1997.

[3] PROUT C. Market Socialism in Yugoslavia[M]. New York：Oxford University Press，1985.

[4] ROOSEVELT F，BELKIN D. Why market socialism？：voices from dissent[M].New York：M.E.Sharpe，Inc，1994.

[5] YUNKER J A. On the political eonomy of market socialism[M].Hants：Ashgate Publishing Ltd，2001.

[6] KORNAI J.The road to a free economy[M].New York：W.W.Norton&Company，1990.

[7] MILLER D. Market，state，and community：theoretical foundations of market socialism[M]. New York：Oxford University Press，2002，2002.

[8] BARDHAN P，ROEMER J. Market socialism：the current debate[M]. New York：Oxford University Press，1993.

[9] ROEMER J E，ARNESON R J，WRIGHT E O. Equal shares：making market socialism work[M]. London：Verso Books，1996.

[10] ROEMER J E. Political competition：theory and applications[M]. Cambridge：Harvard University Press，2006.

[11] ROEMER J E. Analytical foundations of marxian economic theory[M]. Cambridge：Cambridge University Press，1989.

[12] ROEMER J E. Equality of opportunity[M]. Cambridge：Harvard University Press，1998.

[13] ROEMER J E. Theories of distributive justice[M]. Cambridge：Harvard University Press，1998.

[14] SCHWEICKART D. Against Capitalism[M]. Cambridge：Cambridge University Press，1993.

[15] SCHWEICKART D. Ticktin H，Lawler J. Market socialism：The debate among socialists[M]. London：Routledge，1998.

[16] SCHWEICKART D. After capitalism[M]. London：Rowman & Littlefield Publishers，2011.

[17] YUNKER J A. Economic justice：The market socialist vision[M]. London：Rowman & Littlefield，1997.

[18] YUNKER J A. Socialism revised and modernized：the case for pragmatic market socialism[M].

New York：Praeger Publishers，1992.

[19] DREZE J H，JAHNSSON Y. Labour management，contracts and capital markets：a general equilibrium approach[M]. Oxford：Basil Blackwell，1989.

[20] BERGSON A.Market socialism revisited [J]. Journal of political economy，1967（10）：655-673.

[21] ARNESON R J. Equality and equal opportunity for welfare[J]. Philosophical studies，1989，56（1）：77-93.

[22] BARDHAN P，ROEMER J E. Market socialism：a case for rejuvenation[J]. The journal of economic perspectives，1992，6（3）：101-116.

[23] BLOCK F. Capitalism without class power[J]. Politics & society，1992，20（3）：277-303.

[24] COHEN G A. On the currency of egalitarian justice[J]. Ethics，1989，99（4）：906-944.

[25] DRÈZE J H，GOLLIER C. Risk sharing on the labour market and second-best wage rigidities[J]. European economic review，1993，37（8）：1457-1482.

[26] DRÈZE J H，PERSSON T，MILLER M. Work-sharing：some theory and recent European experience[J]. Economic policy，1986（3）：562-619.

[27] DRÈZE J H. Economic and social security in the twenty - first century，with attention to Europe[J]. The Scandinavian journal of economics，2000，102（3）：327-348.

[28] DREZE J H. Public goods with exclusion[J]. Journal of public economics，1980，13（1）：5-24.

[29] DREZE J H. Some theory of labor management and participation[J]. Econometrica：journal of the econometric society，1976（3）：1125-1139.

[30] DWORKIN R. What is equality? Part 1：Equality of resources[J]. Philosophy & public affairs，1981，10（3）：185-246.

[31] DWORKIN R. What is equality? Part 2：Equality of resources[J]. Philosophy & public affairs，1981，10（4）：283-345.

[32] FOLBRE N，Weisskopf T. Did father know best? Families，markets，and the supply of caring labor[J]. Economics，values and organization，1998（3）：171-205.

[33] GREEN F，WEISSKOPF T E. The worker discipline effect：a disaggregative analysis[J]. The review of economics and statistics，1990（3）：241-249.

[34] MILLER D P. The paradoxes of patenting at general electric：isador ladoff's journey from siberian exile to the heart of corporate capitalism[J]. Isis，2011，102（4）：634-658.

[35] MILLER D，ESTRIN S. A case for market socialism：what does it mean? why should we favor it?[J]. Why market socialism，1994（3）：225-241.

[36] MILLER D. A vision of market socialism : how it might work—and its problems[J]. Why market socialism, 1994 (3) : 247-62.

[37] MILLER D. Democracy's domain[J]. Philosophy & public affairs, 2009, 37 (3) : 201-228.

[38] MILLER D. In what sense must socialism be communitarian?[J]. Social philosophy and policy, 1989, 6 (2) : 51-73.

[39] MILLER D. Socialism and the Market[J]. Political theory, 1977, 5 (4) : 473-490.

[40] MILLER D. Socialism and toleration[J]. World philosophy, 2010 (6) : 5.

[41] MILLER D. The fatalistic conceit[J]. Critical review, 1989, 3 (2) : 310-323.

[42] MILLER D. The resurgence of political theory[J]. Political studies, 1990, 38 (3) : 421-437.

[43] MILLER D. What Kind of Equality Should the Left[J]. Equality, 1997 (3) : 83.

[44] PUTTERMAN L, ROEMER J E, SILVESTRE J. Does egalitarianism have a future?[J]. Journal of economic literature, 1998, 36 (2) : 861-902.

[45] ROEMER J E. A pragmatic theory of responsibility for the egalitarian planner[J]. Philosophy & public affairs, 1993, 22 (2) : 146-166.

[46] ROEMER J E. New directions in the marxian theory of exploitation and class[J]. Politics & society, 1982, 11 (3) : 253-287.

[47] Roemer J E, Market socialism—A Blueprint : How Such an Economy might work[J] . Dissent, 1991 (Fall) .

[48] Roemer J E. The democratic political economy of progressive income taxation[J]. Econometrica, 1999, 67 (1) : 1-19.

[49] ROEMER J E, JOHN E. Equal shares : making market socialism work, the real utopias project [J].London Verso, 1996 (2) : 8.

[50] ROEMER J E. Distribution and politics : a brief history and prospect[J]. Social choice and welfare, 2005, 25 (2) : 507-525.

[51] ROEMER J , LLAVADOR H, SILVESTRE J. Sustainability in the presence of global warming : theory and empirics[J]. Human development research paper, 2011 (5) .

[52] SCHWEICKART D. Global poverty : alternative perspectives on what we should do—and why[J]. Journal of social philosophy, 2008, 39 (4) : 471- 491.

[53] SCHWEICKART D. Is sustainable capitalism an oxymoron?[J]. Perspectives on global development and technology, 2009, 8 (2-3) : 559-580.

[54] SCHWEICKART D. Economic democracy : a worthy socialism that would really work[J]. Science & society, 1992, 56 (1) : 9-38.

[55] SCHWEICKART D. Is sustainable capitalism possible?[J]. Procedia-social and behavioral

sciences, 2010, 2 (5): 6739-6752.

[56] WEISSKOPF T E, BOWLES S, GORDON D M. Two views of capitalist stagnation: underconsumption and challenges to capitalist control[J]. Science & society, 1985, 49 (3): 259-286.

[57] WEISSKOPF T E. Marxian crisis theory and the contradictions of late twentieth-century capitalism[J]. Rethinking marxism, 1991, 4 (4): 70-93.

[58] WEISSKOPF T E. Russia in Transition: perils of the fast track to capitalism[J]. Challenge, 1992, 35 (6): 28-37.

[59] WEISSKOPF T E. Toward a socialism for the Future, in the Wake of the demise of the socialism of the Past[J]. Review of radical political economics, 1992, 24 (3-4): 1-28.

[60] Yunker J A. A new perspective on market socialism[J]. Journal of comparative economic studies, 1988, 30 (2): 69-116.

[61] YUNKER J A. Post-Lange market socialism: an evaluation of profit-oriented proposals[J]. Journal of economic issues, 1995, 29 (3): 683-717.

[62] YUNKER J A. The microeconomic efficiency argument for socialism revisited[J]. Journal of economic issues, 1979 (3): 73-112.